U0573990

# 一切皆语言

## TOUT EST LANGAGE

[法] 弗朗索瓦兹·多尔多
Françoise Dolto
著

王剑 邓兰希 译

北京师范大学出版集团
BEIJING NORMAL UNIVERSITY PUBLISHING GROUP
北京师范大学出版社

# 中文版序

在去世前四年，已经出现肺部纤维化问题的弗朗索瓦兹·多尔多受邀给一些与幼儿工作的专业人士做讲座。《一切皆语言》就是这一演讲和交流的记录稿。弗朗索瓦兹·多尔多在两个非常不同的领域有很多著述。对于不是精神分析家的人而言，她的作品有一些是非常费解的理论性著作，诸如《无意识身体意象》或《欲望的游戏》；在另一些著作、文章或电台、电视台的节目中，她则用一种所有人（父母或专业人士们）都清楚明白的方式来表达自己。大家都一致同意她有一种我们称之为普及推广的巨大才能。实际上，她关心的是如何尽可能地把她在一生的工作中所理解到的东西，告诉父母、医生、教师和一切与孩子接触的人们，不管后者的职业和角色是什么。她受到两个愿望的推动。首先，是分享那些她认为很重要的知识。她发现一个人的知识和工作成果确实可以让众人获益。其次，是我们能在所有那些伟大的治疗师们身上发现的对于预防工作的关注。他们很难过地看到，由于无知而产生的教育上的错误在不断重复，从而导致神经症性的痛苦、家庭中的紧张关系和学业上的失败，让聪明的孩子纵有能力，却也无法在世上找到自己的位置。她常常告诉我，在这一传承工作的背后，她关心的是那些她没能治愈的孩子的痛苦至少能对其他孩子有用。

在《一切皆语言》一书中，我们听到一位经验丰富的临床工作者的声音。其中有一些临床经验和反思的精髓，它们通过病人的创造性让理论得到了检验。她就像一个入驻成人世界的孩子国大使一样，对于孩子的王国熟稔于心。在生命的这个时期，她的思维是如此清晰，话语如行云流水。她找到了一个让大家都能明白的方式。同样在这一时期，她已不把同行们的批评放在心上。她以公众演讲的方式跳出了小圈子，她做的电台节目《当孩子诞生时》获得了巨大的成功，不过也招致了许多精神分析家和学者的批评。跳出专业的小圈子，认为大众足够聪明，能听到并理解精神分析可能给教育和家庭生活带来的那些新东西，在许多人的眼中，这曾非常丢脸。后来的事实却证明，在这个领域就像在其他领域一样，弗朗索瓦兹·多尔多不过是领先于时代而已。因为不久以后，我们就看到很多医生和精神分析家都纷纷上电台或者上电视，但并不总是像她那样坚持一些应当在节目中坚持的伦理。

在我看来，《一切皆语言》是弗朗索瓦兹·多尔多众多既面向公众又面向专业人士的书中最好的一本。它既清晰明了，又有深度。在此书中，我们能触及一种思想在经过长时间的酝酿以后变得清晰的宝贵时刻。在不放弃精神分析理论假设的情况下，她着手处理一些每个家庭都会出现的实际问题。对于这些复杂的问题，她成功地给出一些每个人都可以在自己生活中按照各自情况采用的简单明了的回答。本书是了解弗朗索瓦兹·多尔多思想的一个很好的入门。

我很高兴地获知，这本既复杂又实用的弗朗索瓦兹·多尔多思想的重要引论性著作是在克劳德·肖德尔(Claude Schauder)的陪伴下，由王剑和邓兰希翻译的。我确信他们能带来忠实而优雅的译文。他们三位都非常熟悉弗朗索瓦兹·多尔多的著作和精神分析。在我看来，同样重要的是，中国读者也开始越来越对多尔多独特的思想感兴趣。然而，之前某些译文还不够准确，没能完整地传达出其思想的独特性。我祝这本语言优美的译著好运，祝愿它能承载着触及灵魂和心灵的人性光辉，像一盏小灯笼一样腾空飞翔，并帮到那些我永远也不会认识，但会让我母亲的记忆和著作在一个文化悠久、底蕴丰厚、充满激情的国度得以长存的父母、孩子和教育者。

凯瑟琳·多尔多
于法国洛戈纳多拉镇

# 前　言

此书是 1984 年 8 月 13 日，我在格勒诺布尔城向心理学工作者、医生和社会工作者做的讲演的"记录"。①

我想要抓住那些对有身心、情感、家庭或社会问题的儿童进行教育、教学和治疗工作的重要人群，让他们领会到，在一些当前或者曾经在孩子生活中打下印记的事件上，那些常常不为孩子所知，也不为孩子周围的人所知的被说出和未被说出的话语的重要性。

听众中很少有人像组织这场会议的康巴斯（Combaz）夫人那样，曾经受过精神分析训练。但是所有人都想要理解，对于

---

① 1984 年 8 月 13 日，由法国格勒诺布尔城文化研究与创造中心的行动剧院组织举办的这一工作日的完整标题是"说与做，一切皆语言：当着孩子的面对他们讲话的重要性"，这一工作日的讲演记录稿后来由大会组织者出版并分发。就是根据这一文稿，《一切皆语言》这本书于 1987 年编辑出版，其中有些修改让这个版本在有些地方和原始版本存在一定差别。但是，根据前言的说法，我们只能假设，这些修改是弗朗索瓦兹·多尔多本人做出的。我们决定保留这些修改，即使是在原始版本中看起来更清楚、更直接的那些地方。

他们每天在不同职责下与孩子们的关系工作中遇到的问题，精神分析能带来什么启发。

我的意图在于唤醒与孩子有着鲜活接触的这群成人，告诉他们这一事实，即人类首先是一个语言的存在。这个语言表达了一个人与另一个和自己类似或者不同的人相遇，并与这个他者进行交流的不可遏制的欲望。

我想让听众们领会到的是，这一欲望更多是无意识的①（inconscient），而不是意识的；言说的语言只是这个欲望的一个特例，它常常有意或者无意地歪曲了信息的真相；对于发展中的个体，即孩子而言，对真相的遮蔽这一把戏的效果始终是动态的——我要说的是，这带给他们生命力，或是让他们丧失生命力。

通过多年来与孩子、青少年、父母或监护人的精神分析实践工作，我想要阐明的是，由于相互之间的不理解，他们彼此感到痛苦。它发生得越早，对孩子未来产生的创伤性影响就越大。

在这里，我要展现的是经过修订的三四小时交流的文字记录稿。听众们提出了许多触及他们教育或社会福利工作的问题。我试着透过一些让父母和教育者们始终感到忧虑的客观存在的问题，阐明一些从孩子这一主体自身的动力学角度提出来的问题。

在我看来，和一些理论著述相比，这样一项工作更能对许

---

① 精神分析的基本概念之一，后文中也译为潜意识。——译者注

多和处在困境中的孩子进行社会工作的人有所启发。

我希望听众能因此理解讲真话的作用。成人向孩子传递的这样一个真相不仅被后者无意识地期待和需要，而且他们也有权利知道它——虽然在成人的诱导下，孩子意识层面的欲望在通过话语表达时，更倾向于那个导致焦虑的欺骗性的沉默，而不是常常听起来让人觉得痛苦的真相，但如果这一真相被完完全全地谈到并说出的话，就能让主体自身得以建构，并变得更有人性。

1986 年 12 月

康巴斯夫人：多尔多夫人，我很荣幸在此接待您，非常感谢您能来到这里。我也非常高兴今天来了这么多人，都对这个由文化研究与创造中心的行动剧院组织的工作日感兴趣。今天的工作日很自然地是我们从 1972 年就开始的关于"童年期研究"工作的一个环节。

马上有请弗朗索瓦兹·多尔多发言。她会先做一小时的演讲，休息一会儿后，我们会请在座的各位发言，并希望能有一个更自然的交流节奏。①

---

① 本书所讨论的案例主要基于欧洲文化背景下所进行的儿童精神分析领域专业探讨。——编者注

弗朗索瓦兹·多尔多：感谢大家，来了这么多人，尤其是这么多年轻人。看到年轻人对于研究、对于下一代和孩子感兴趣，我总是感到很高兴。因为这就是我们今天要谈的主题。我非常满意地看到在座的有一些还不是父母，因为我相信，在成为父母之前，在准备迎接那些不是作为自己的复制品的我们的孩子之前，我们应当首先反思自己过往童年中的问题。我们的孩子将处在一个新的世界里，有着完全不一样的生活。

今天诞生的孩子们将要承担……我们完全不知道的未来。这是我们的时代一件很重要的事：教育必须要考虑，要武装他们，使他们能够面对从 20 世纪初就已经开始改变，我们不知道将会怎样，而且依然在不断变化的生活（我说话就像一个年纪很大的人一样，因为确实如此，我有很多亲身经历）。

我很小就经历了第一次世界大战，目睹了从家庭生活到社会各个层面发生的彻底改变。在这场战争期间，以及战后的几年里——这曾带来真正革命性的变化——许多家庭遭受了巨大的创伤。从正面的意义上说，这深深地影响了我。一些语言现象让我开始反思，这些我观察到的事物引起了我的思考。

接下来是第二次世界大战。你们中的很多人都没有经历过，但是在座的成年人经历过它。这给法国，给父母和孩子们带来了巨大的慌乱和不安（我只讲法国，我不知道它对其他国家产生的影响）。并存的两个政权①让许多家庭分裂了，无论承认与否，人们彼此不信任对方。除此之外，还有男男女女因为战争、监狱、死亡集中营导致的分离而遭受的巨大痛苦。

在法国，我们并没有冒太大的生命危险，但确曾面临人际关系断绝的风险，甚至从法国的一端到另一端，人们也只能通过简练的、仅能写三十来个字的（邮政）卡片来交流。

分离所导致的家庭关系、夫妻关系、父母与子女关系上的裂痕是非比寻常的。为了向你们解释行为如何成为一种语言，我给你们举些孩子的例子吧。他们的父亲上了前线，一段时间以来，家人一直没有他的消息。突然，他们知道他被俘了②。许多战俘被抓的消息传来后，在接下来的那个星期里，巴黎的儿科诊室里，所谓的神经精神科医生突然遇到一群五到十岁、十一岁的男孩子来做咨询——他们重新开始尿床了。这就是孩子对有这样一个可能会被枪毙的父亲感到羞耻的身心反应。简单地说，孩子们看到妈妈对爸爸当了犯人这件事很开心：这让孩子感到羞耻。犯人是不好的，因为他做了一些糟糕的事。孩子完全不能理解"战犯"和罪犯是不一样的。

---

① 当时法国被分为德国占领区和抵抗区。——译者注
② 法文的"prisonnier"，直译为犯人，也有俘虏、被囚禁的人的意思，所以下文说孩子们不能理解因为战争被俘的人和因为犯罪被囚禁的人的区别。——译者注

对这些孩子进行的心理治疗工作，就是让他们明白，他们把自己的英雄、自己处在战争中的爸爸、收到过的穿制服的爸爸的照片，让所有这些东西在脑中和一个抛弃家庭的人勾连起来。妈妈曾很高兴他不在家。但这并不是真的，只是和他可能战死相比，妈妈很高兴。"啊，你知道，他当了俘虏。"然而，对于孩子来说，妈妈疯了，她喜欢一个人变成犯人！犯人就因此变得具有诱惑力。

因此，轻微的违法活动就开始了。这很严重，但这并不是我们能直接看到的，它是一个对自身的违法活动，也就是说，是不约束自身，丧失对身体的掌控，反映为情感水平上括约肌的失禁。这一丧失，就是孩子身上出现的一种对自己不加掌控的语言。

所有的哺乳动物都能掌控自身的排泄，所有的。除非神经受损，否则大小便失禁在哺乳动物身上是不存在的。只有人类，才会在语言、在与父母关系的意义上"尿床，会把屎拉在裤子里"。这和作为哺乳动物的人类完全没有关系，他们就像母亲们说的那样，不用管就会变得干净，变得能控制自己的排泄，即不用为了迎合母亲而有规律地大小便——当母亲要他们撒尿、拉屎的时候，他们会为了母亲这样做。公牛和母牛并不要求它们的小牛犊在被要求的时候撒尿拉屎。为了讨母亲的欢心，孩子们能够提前做到这一点，也就是说，在他们的神经系统没有完全发育成熟以前。

我能告诉你们的是，一个太早变得干净的孩子有可能成为精神分裂症患者。我曾经认识一个这样的孩子，从产房出来以后，他从来没有弄脏过自己的尿布，从来没有。他成了精神分裂症患者：这是一个一出生就非同寻常的孩子！就是这样一些最纯粹、最可能具有人性的孩子填满了我们的儿童医学教育中心①，他们被称为发育迟缓患者，或者精神病患者。这是一些在人际关系的敏感性和情感层面上比其他孩子早熟的孩子。他们和父母之间存在语言解码的问题，后者完全不明白这些孩子很聪明。或者由于他们过早听到一些不利于自己和父母的关系或自己性别的话语（例如，父母对于他们出生时的性别的失望），他们为自己不能满足自己胎儿时的男神和女神而心烦意乱：对于胎儿而言，他们在四个月大时就能听到父母在子宫外说话的声音了，确实是这吸引着他们诞生并进入与父母的关系中。

　　对于许多人来说，这是一个新近的发现。我很早就知道了这一点。作为这个领域的先驱者，我很高兴地看到现在这一切都普及开了。在我还在医院做实习医生的时候，甚至在那以

---

　　① Instituts Médico Pédagogiques，简称 IMP，法国特殊教育与治疗中心，用来接待三到十四岁出现各种智力和神经心理问题（人格障碍、感知觉障碍、交流障碍）的儿童与青少年，参见维基百科法语版"IMP"词条。——译者注

后，人们一直都说："她有点像这样！"①（食指在太阳穴划四分之一个圈②。）

尽管如此，人们也注意到一些已经出现问题的孩子能重新开始交流、生活。他们因为太早熟，曾陷入自我封闭中。虽然还不能说话，但他们需要别人承认他们是聪明的。因此，应当

---

① 弗朗索瓦兹·多尔多完全有理由说自己是考虑胎儿生活的先驱者，事实上，以临床经验为基础，她认为自己在这一方向上扩展了精神分析的研究领域，直到考虑胎儿在子宫内早期经验的重要性。例子可以参见 *L' Image inconsciente du corps*（《无意识身体意象》），Le Seuil，1984，pp. 209-210。

在那个时期，就像她说的那样，冒着被嘲笑和讽刺的危险，弗朗索瓦兹·多尔多在这条道路上不断前进。即使在精神分析的领域中，一些人也认为她想入非非，很荒唐。但这并没有阻止她去收集那些可能支持自己假说的关于妊娠主体的重要性，尤其是胎儿知觉以及胎儿听到的（父母）音调变化的重要性等这样一些材料。例如，可以参见《生活之难》（*La difficulté de vivre*，Gallimard，1995）一书中的《诞生》（"Naissance"，pp. 16-76）这篇文章，以及《儿童的利益》（*La cause des enfants*，Laffont，1985）第一部分的第五章和第二部分的第五章。

此外，很明显，在弗朗索瓦兹·多尔多那里，母亲和孩子的关系具有一种非常特别的标志性价值。这并不是在我们所想象的母子融合的田园牧歌般的意义上的，而是因为它是人类一切交流，甚至包括无意识的影响的开端。在此意义上，悖论的是，与胎儿的关系是所有真实的人际关系，所有的主体间性，甚至在那些它可能具有表现力的地方的模型。[*La difficulté de vivre*（《生活之难》），op. cit.，p. 50.]

因此，我们可以很尖锐地看到，目前被医学领域承认的——不久以前还被嘲笑的——这一产前经历的重要性，它也即将发展为一门专门的胎儿医学。至于弗朗索瓦兹·多尔多那些来自精神分析的直觉，还可以在另一个衍生的领域中被发现，即产前和围生期前后的胎儿抚触法（haptonomie）。（多尔多的女儿凯瑟琳·多尔多对这一新学科有许多研究，有兴趣的读者可以搜索了解"抚摸胎教"。——译者注）

② 这个手势表示有点疯疯癫癫的。——译者注

对他们准确地说出他们的痛苦所在，这样他们就能重新开始我们和他们可以有的主体与主体之间的关系。

拒绝遵从父母所要求的节律，这可能是一种拯救主体的语言，但却缺乏一些经验来建构一个和主体相连的未来的自我。

因此，这是一些很快挤满了门诊的孩子，他们的母亲完全不明白他们身上发生了什么；全科医生也是如此，并把他们转介到神经精神科，而对孩子说话正是全科医生的工作。那时，全科医生和儿科医生都不知道心理学和孩子身上运转的伦理构造的影响，不知道是这些裂缝和创伤迫使孩子活下去，而回到个人历史中父亲还没有建立其威信的时期。为了心智健全，他不能进入生殖—性期。因此，他就随意拉屎撒尿，让身体下端功能紊乱。事实上，除了通过痛苦，他没法用其他方式来表达。

同样需要补充的是，几天后，母亲不再担心丈夫的生命安危，尤其当她收到后者的信说自己并不感到无聊时——我说的主要是德国的同盟国士兵和下级军官战俘营（stalag），这比上级军官战俘营（oflag）囚禁的时间要短。在战俘营里，这些男人马上被分配到农场干活。妻子在信中看到丈夫在身体和精神上都非常健康，就开始怀疑他和一些女人发生了关系——这其实是真的。然后，她们就开始想象，陷入对这些德国女人的嫉妒中。

毫无疑问，孩子们听到母亲给邻居讲他们的父亲的事：他在那边看起来很开心，德国是一个了不起的国家，等等。许多人收到过这些年轻战俘的信，信中说："我在这里学会了怎么种这个，怎么种那个。"确实，在战俘营里，这些男人感受到了纳粹的政策，尤其刚开始的时候，德国人井井有条，让他们大开眼界。我说的是开始，后来，当一切变糟的时候，就是另一回事了……

为了理解这一影响到孩子身体功能的混乱，我们必须理解所有那些赋予孩子精神构造的人，也就是其父亲和母亲的行为和话语。这个人最初是双头的，后来才成为男人和女人这两个原初意象。因此，这些人的言行举止都构造着孩子的精神世界。这既不是负面的，也不是正面的，这是情感和动力上的，是赋予孩子生命力或剥夺孩子生命力的。

是正面的还是负面的，这取决于我们如何看待孩子做出的反应。如果我们仅仅是祝贺他们重新尿床，不像他母亲一样给予成堆的责备的话，这就会在几天里结束。应该庆祝他对这样一个让人震惊的消息做出的反应，并给他开辟一条道路，让他明白，在战争时期成为俘虏（犯人）是有价值的，完全不是一件掉价的事，俘虏也并不是一个因为违法犯罪而落入法网的混蛋。这样说并不容易，尤其是当我们并不完全相信应该"赞颂"这样的俘虏（犯人）时。

你们知道，作为精神分析家，我们并不完全相信，因为身着制服就去杀邻国那些身穿另一套制服的人是一件光荣的事情，但我们还是不得不这样对孩子说："他听从了祖国的需要，然而因为德国人更强人，所以他被俘了。这不是他的错，他很勇敢!"总之，就是所有那些我们能告诉孩子的话——他父亲没有战死是完全合理的。如果父亲死在了战场上，他本来是会骄傲地收到一枚奖章的，因为其他小伙伴在父亲战死后都收到了。而这些小伙伴会拼命炫耀："你父亲当了俘虏，而我父亲战死了，哼!"等等。在孩子看来，那些父亲战死了的孩子很了不起，其他的就很差劲。

因此，一个被认为差劲的孩子会表现得差劲，变得像一个朋克，开始通过尿床来忘了这件事，并且四处惹麻烦。[①] 朋克现象[②]也是这样，就是要引起别人的注意，因为引起注意是一件了不起的事。作为父母的儿子或者女儿，有时孩子们会对自己感到羞耻。因此，他们就弄个鸡冠头。看到它的人会说："这些可笑的家伙!"然而事实上，他们是在通过这样的行为说："瞧，我就是一个可笑的家伙，但是我根本看不上你们，而且我会成为一个了不起的人。"他们正在捍卫自己身上了不起的东西，也就是主体。让人高兴的是，他们怀着希望，因为没有这个希望的话，他们就活不下去。而朋克在四岁大的时候，就是拉啊尿啊。

所有这些是为了让你们明白，每个人都曾经历过这些事

---

① 作者在这里用了一个词语"cacate"，原义为拉屎，也指让人难受、恶心的事情，可以联系到上面的屎(caca)和尿(pipi)。——译者注

② 弗朗索瓦兹·多尔多对20世纪60年代诞生的流行音乐很熟悉，她在这里谈到的显然是伴随着这一运动的那种过分而带有挑衅意味的风尚(染头发、穿撕烂的衣服等)。

情。我们谈的是孩子，但对母亲来说也是一样。在来门诊的孩子数量增加的同时，妇科门诊量也在上升，许多女人突然不来例假了。由于没有与人发生性关系，她们很清楚自己没有怀孕，她们来咨询是因为担心自己的健康。例假是从什么时候开始不正常的呢？是从她们知道自己丈夫被俘以后。事实上，她们是在让自己的生殖—性器官赎罪。这些女人退行到青春期还没有来例假的时候，这样就不用担心自己背叛丈夫了。

这个过程完全是无意识的，就好像她在说："如果我没有丈夫，我就没有权利来例假。"因为有例假，就是"可以怀孕的"。这拴住了许多女人的身体，她们担心自己可能出于欲望而不能抵制诱惑，从而松开生殖—性生活的刹车。因此，常常就像那些因否认情感上的痛苦所导致的退行会带来心境改变一样，对邻居和孩子，这些女人之前的情绪都是有规律的，她们中的许多人现在却变得非常神经质。人们会说这是因为她们不来例假了。不，不来例假只是众多现象之一。对这些女人而言，其他现象包括因为没有丈夫同时却受到一些诱惑而感到沮丧。在市场里、马路上、商场中，到处都是没有妻子的（德国）男人。他们口袋里装满了钱，而这些女人的生活却很困难。在和贝尔纳·皮沃①的电视访谈中，玛格丽特·杜拉斯②夫人很

---

① 贝尔纳·皮沃（Bernard Pivot），新闻记者，法国著名文化节目主持人。——译者注

② 玛格丽特·杜拉斯（Marguerite Duras，1914—1996），法国著名小说家、电影导演。——译者注

清楚地谈到那个时期和德国人来往的女人们。

作为儿科医生，我们看到了处在这些冲突中的孩子所有那些情感发展上的障碍。对于这些冲突，他们觉得应该保持沉默。

到底什么是有价值的呢？妈妈过得好，而且有个男人在家管教孩子，让他们成为好的法国公民，难道这样不是更好吗？德国人会来家里吃饭，此外，他非常尊重远在他方的俘虏。他不过是暂时取代了后者在床上的位置，同时心里明白，在这段时间里，在德国那边，俘虏可能也和他老婆做着同样的事。但对于七岁、十岁、十一岁的孩子来说，他们听到一些话，并且看到家里因这个占领者而获得一些物质上的好处（食物、各种供给）。对他们的思想和伦理观念来说，这些东西如此混乱，如果没人让他们明白，这是有着感情、情绪和性活动的成年男女的问题的话，这将变得费解。这些孩子将成为违法者，也正是由于这个原因，人们带他们来见我们。

最开始，是尿床；然后，是轻微的违法活动或者学业上的不适应。事实上，用我们的行话来说，学业上的完全荒废意味着禁止使用自己升华了的口腔和肛门冲动（pulsions）①，也就是接受和给予的冲动：接受一些元素，提供一些元素。这是消化性的，是对消化性的新陈代谢的升华。在孩子身上，这体现为"学业上的成功"。

---

① 精神分析的基本概念之一，后文中也译为驱力。——译者注

小学，是消化性的，然而从七八岁开始就可能已经是生殖—性的，也就是说，通过两个灵魂的相遇产生成果。这和吞下并完成作业、用红笔或者绿笔涂出重点和所有那些让老师满意的地方，就像小时候拉一坨漂亮的屎让妈妈高兴一样，不是一回事。

但几乎没有别的什么了，仅仅只有知识（savoir），没有认识（connaissance）。认识属于生殖—性范畴，知识则属于口腔和肛门范畴①。

有一些孩子，出于他们最初的构造，本来是可以获得认识的。但是，由于不能理解母亲的"熟人"——这些占据了母亲一点情感和性的空虚的德国人或者另一层楼上的先生，他们就不能抵达其他的认识层面。因此，他们就留在消化性的层面上，这让他们从七年级（sixième）②开始成绩下降。如果孩子停留在为某个人吞下并交出作业的水平上，不是为了快乐去认识并做一些自己能做的关于课程和作业的事情的话，他就不能抵达认识的快乐层面，在七年级到八年级之间，就会出现学业上的全

---

① 弗朗索瓦兹·多尔多通过消化性的学校这个词所要表达的，是一种处在二元逻辑（真/非真）过程中的只用到口腔和肛门冲动的教育模式。因此，这一教育模式对于某些孩子来说，可能会构成一种真正的异化。对于这一批评的进一步发展，参见 *La difficulté de vivre*（《生活之难》），op. cit., pp. 311-326；Voir aussi *Séminaire de psychanalyse d'enfants*（《儿童精神分析讨论班》），t. I，Le Seuil，1982，pp. 88-89。

② 原文直译的话是六年级，为法国中学的第一年（以后依次为五年级、四年级、三年级直至中学毕业会考），大致对应于国内的七年级。——译者注

面下滑。因为，重要的是通过老师的帮助，从一门自己感兴趣的学科中获得知识。

所有这些在你们看来可能难以捉摸，但这就是精神分析家的工作：当一些人变得衰弱被带来见我们时，我们就是像这样入手的，绝不是去矫正一个症状。如果想要单纯矫正尿床或大便失禁，我们就会搞砸，会在孩子十八岁、二十岁、二十一岁时造成一些后果，留下一个和正常的生殖—性生活节律相矛盾或者相抵触的语言。

正因为如此，当这些障碍大量地出现在我们欧洲时，精神分析的存在很重要，它阐明了孩子身上情感和象征性生活的动力。在整个欧洲都出现这种伦理上的紊乱时，这种治疗方法让我们理解这意味着什么。

这让我们去理解人际交流所产生的越来越早的影响。不管我们知道与否，这一交流在胎儿时期就有了，但主要是诞生之后，宝宝和周围的人，和父母、兄弟姐妹之间的交流。

这一理解就是我们现在正在讨论的主题，尤其是在今天我要给大家讲的东西。这就是讲话的作用。但也不光是讲，还有行动。对孩子而言，所有的一切都是语言的能指，他会思考所有那些发生在他周围的、他所观察到的事物。此外，即使不看着对他讲话的人，孩子也同样在思考、倾听。这很重要。

当老师要求孩子看着自己的时候，他们其实就失去了孩子一半的注意力。对于我们成人而言，正好相反：我们喜欢看着那个正在说话的人。孩子，如果他的手被一些东西占着，如果他在翻一本书、一本杂志或者漫画，或者在玩某个东西，他同时也在倾听，而且是不可思议地倾听着他周围发生的一切。他"真正地"在听，并且记在脑子里。

我曾帮助到不少小学老师，他们告诉我："真是难以置信，为什么没有人教给我们这些呢？"没必要让孩子看着老师，为了好好地听，他们甚至会不断地发出噪音。不发出噪音、不玩什么东西的话，孩子是不会听别人说话的。如果他们玩过了头，他们会影响到旁边那些没在玩什么、没有发出噪音的人。

如果在场有人和聋哑人一起工作过的话，就会知道聋哑人的教室吵到什么程度。我学到了很多东西，因为我家的窗户正对着巴黎聋哑学校[①]。我能看到他们的课间休息。这些都是很值得观察的！虽然他们没有话语，但他们和我们一样不可思议地处在语言中，只不过是以他们自己的方式罢了。夏天，教室的窗户是开着的，真是吵翻天了！老师大声嚷着，孩子们一点也不在乎。他们的喉咙里发出一种自己听不到的声音，也用鞋弄出一种可怕的声音。他们越专注，就越发出噪音。

我们这些听力正常的人，只要在噪音中待一会儿，就没法工作了。孩子到了八九岁才会不再发出那么多噪音。即使如此，你们都还可以看到一些孩子挂着耳机，一边听音乐，一边

---

做作业。父母不理解："得啦，别听这些乱七八糟的东西了，你没法做作业。"正相反，听着这些嘈杂的音乐，他们也能做好作业。这取决于个人。但是那些这样做的孩子知道为什么。这是因为当周围世界被屏蔽掉时，他们比较有安全感。相反，如果他们周围的世界，比如街上或隔壁房间不时提醒他们——"发生了什么事？"妹妹正在开心地玩耍，他也想去，因为妹妹在和妈妈说笑，等等——他们就会因为这些和自己有关的事分心。然而，听着那些与个人无关的嘈杂音乐，他们就能完全专注于自己正在做的事情。

人身上的一切都不断按照象征性功能运作，正是某些运作方式导致一些人成为精神分裂症患者和精神病患者。

你们将会明白这是为什么。

一个早熟的孩子很早就需要与人交流，过多独自待着的话，他的象征性功能就会一直空转。我们可以说，如同消化性功能这一隐喻一样，他需要一些元素来感知，但这得是对感知到同样的知觉元素的另一个人而言有意义的元素才行。例如，我们把一个孩子单独留在摇篮里、阳台上、花园中等，这可能很好，为什么不呢？但是作为补偿，他必须有很多开心的默契时刻，或者相反，一些和母亲的交流中的争吵时刻。否则，会发生什么呢？"这是一个非常乖的孩子，他从不打扰我们。"那么，直到一岁，孩子都这样被放在摇篮里。我看到有人这样做过，孩子甚至都不再要求吃奶了，只有在被喂时才会吃。这样的孩子是一些什么都接受的人，他们接受一切，因为这对他们来说无所谓。他们过着这样一种想象般的生活，以至于变得不再像人，人的话语没有出现在他们的语言中。

但是，假如说，在他们摇篮的帘子被风吹起的同时，有一只发出特别的叽叽喳喳声的小鸟经过，而且在这个时候，他们因拉肚子而发出一通腹鸣的话，这三种知觉的相遇意味着小鸟和帘子就是他们肚子的话语。他们的肚子疼和刚刚过去的小小腹泻，就是小鸟的叫声和被风吹起的帘子相遇的能指。外部和内部同步发生的一些事件因而具备了语言符号的价值，这仅仅对他们自己有话语层面上的意义。[①]

你们知道有些孩子会有某些冲动，会做一些没有意义的事情。我又想起一个孩子，他的母亲从早到晚用缝纫机做背心：她用脚在踏板上踩一踩，缝纫机的轮子转一转，背心就在缝纫机前的地上慢慢摞了起来。到了周六，母亲把这些背心送到交给她订单的商人那儿去，这是这个男孩子和母亲一起见的唯一男人，是这位先生付钱给母亲的。因为这些钱，母亲会给他买个小玩意，当天的饭后甜点也会更好。

---

① 看上去似乎是轶闻或是偶然，但这个故事却展现了弗朗索瓦兹·多尔多关于精神病或者自闭症形成的一个主要思想：这是由于没有发生能指和象征界的相遇。同样参见《儿童精神分析讨论班》第一卷的第十一、第十二章。关于她所构想的相遇这个术语和主题，我们尤其可以参考 "La rencontre, la communion interhumaine et le transfert dans la psychanalyse des psychotiques"（《对精神病人的精神分析中的相遇、人类间的共识和移情》），in Le cas Dominique（《多米尼克个案》），Le Seuil, 1971，pp. 193-223。

我给你们说这些，是因为这是一个很特别的精神分析个案①，它能让我们理解其他很多孩子。这个孩子最终痊愈了。他最终明白了自己整天做的同一个动作是怎么回事。过程是怎样的呢？我见了他的母亲，我们一起谈了谈。

　　这个孩子在上幼儿园以前，大概一岁半的时候就已经智力超群了。他很早就会走路。母亲独自养育孩子，孩子很乖，会帮母亲做家务。

　　母亲做背心是计件的，做得越多，挣得越多。邻居们建议："你知道，孩子应该去幼儿园，他和你在一起太孤单了。他很腼腆。"于是，母亲在孩子三四岁时把他送到幼儿园。在上幼儿园以前，孩子已经会每天点燃煤气，摆好刀叉，把汤倒到锅里，放到火上，然后去买面包。他做那些母亲的助手能做的事。做完这些家务活以后，他就坐到自己的小椅子上凝视着母亲工作，看着背心在脚踏缝纫机旁的地面上慢慢摞起来。母亲时不时看看他，彼此会心一笑。他常常像猫一样去抱抱母亲，然后又坐回来。在母亲送他去上幼儿园之前，两个人的生活就是这样的。

　　在幼儿园，他变得非常胆小。他躲在母亲的裙子里，哭着不想去。幼儿园阿姨善解人意，和蔼可亲，他会躲在阿姨的裙

---

　　①　弗朗索瓦兹·多尔多在重述关于想象界和作为第三者的象征界这一理论的重要性之后，又在本书中多次提及这个案例。这个孩子的案例也在《儿童精神分析讨论班》第一卷中（*Séminaire de paychanalyse d'enfant*, op. cit. t. I, pp. 152-153）被提到。

子里走进幼儿园。他不过是从母亲的裙子里转到阿姨的裙子里。课间休息时，他不和人接触，害怕被人推搡。不过，推他的人是有道理的：为了让那些死气沉沉的人重获生机，我们就把他们晃来晃去。我们对一块不走的表也会这么做：摇一摇（这样并不会起作用）。对孩子也一样：他们一哭，我们就推一推他们。孩子和我们一样：他们看到有人不动弹，就会去碰他，来看他有没有反应。

不幸的是，他变得越来越害羞。他就像掉入狮子笼的大卫[①]一样身处困境，但又不知道怎样和其他孩子说话。他变得越来越顺从。妈妈要他去幼儿园，他就去，但他变得完全没有活力，也不再听讲，成为所谓的发育迟缓的人。

因此，他不得不回家待几个月，然后被送进一所接收不适应儿童的特殊学校。结果是：当我见到这个孩子的时候，他七岁了，完全是精神病的状态，彻底封闭，看上去处在沉思中，显得很忧伤。他活在另一个世界中，甚至和母亲在一起时也没有温情了：他就像出舱活动的宇航员，可能会一直飘荡在太空中，最终在疯狂中耗竭而亡。

我让母亲讲述曾经发生的一切，并在每次提到他的时候就对着他讲。虽然他似乎没有在听，但这却让他明白了，缝纫机曾是他的父亲，他这样做是在扮演父亲：母亲的脚踩一踩，轮子就跟着转一转。此外，他也用自己的方式来模仿缝纫机发出

---

① 参见《但以理书》6：14。

的声音。他用这个来让自己每时每刻都和母亲在一起，小男孩正在成长为（allant-devenant）母亲的主宰者，即这台同时让母亲挣钱的缝纫机。他的强迫性重复的模仿动作中，左手的一上一下就是母亲的脚，右手的转动就是缝纫机的转盘，他发出的声音就是在上幼儿园之前他的爱的冥想的声音氛围。对他来说，对缝纫机这一客体的认同支撑了他男性化的象征性功能。

这完全是在一个男孩子的人格构造发展图式中的。这个男孩子先要成为自己的首领，然后再成为另一个人的首领，就像在这里一样，成为母亲的首领。他需要有人占据这个位置，并对他说像这样的话："当你变得像我的时候，你就成为一个大人了。但是在那一天到来之前，你要向我学习怎样举手投足才能成为一个有妻子的人。"

他是从缝纫机那里学到应该怎样举手投足的，他的言行举止完全反常，因而在社会的意义上始终是患有精神病的。但这一切最终得以一步步完全重建。通过晤谈中童年早期经历的再现，当他重新找到自己小时候的母亲时，他爆发出了何等的欢愉啊！自然，在这个时候，他就重新变得拉啊尿啊！他（暂时）失去了自己很小就获得的控制大小便的能力。他的母亲说："他没让我费什么力，一岁半他就已经不需要用尿布了。此后，他也从未尿过裤子。"

他重新找到了自己从前真正的本性。这并没有花太多时间，只是必须让他明白要修复那条错误的认同之路。他认错了人：他想安全地和母亲待在一起，想逃避这个充满小矮人的如此危险的社会，但是缝纫机并不是一个有效的对话者，也不是自己未来的模型。因为尽管个头很小，这个孩子却相信自己是一个大人。

这是一件我们应该知道的很重要的事：孩子并不知道自己是一个孩子，他把自己当作对话者的映像。他想象自己在做让自己变得有价值，让自己长大（allant-devenant grand）的事情。

下面的这个例子可以让你们更好地理解这一点，这是一个大家在生活中都能遇到的例子：一个未满三岁的孩子看到一段家庭录像，录像中他和祖父在玩皮球；他的小弟弟还不会走路，摇摇晃晃地靠着母亲的膝盖站着，周围是家里的其他成员。这个孩子说："瞧！我在给花园浇水，某某（小弟弟的名字）在和祖父玩皮球。"

这时，父母告诉他："不，你弄错了，那个夏天是你和祖父在一起玩皮球，是你的某某叔叔在用一根粗水管给花园浇水。"你们可以清楚地看到，对于一个快三岁的孩子而言，用粗水管给花园浇水是很有价值的。

父亲对他说："我们再放一遍录像，让你看清楚。"但是，在大家还没开始卷带并重放录像之前，这个孩子就已经摔门而去，并把自己关在自己房间里。接下来三个小时，他始终不愿意出来，一句话也不说。到晚上吃饭的时候，一切如常，家里人都没有再提这件事。但每次家人看家庭录像时，他都离得远远的，对此不感兴趣。

在他六岁的时候，有一天，家人又在看这段录像。他跑到前排坐着，说："你还记得吗，妈妈，当我小的时候，我不愿意相信我就是我。"①这是一个很好的例子。实际上总是这样：孩子自己并不知道自己。

因此，孩子照镜子时，看到里面有个宝宝，他会很高兴：这个成人的世界中终于有个宝宝了，就像在街角儿童乐园可以看到的那样。他会走向镜子，自然他的鼻子会撞到镜子，会感到镜子很凉。这个体验让他着迷。尤其是如果母亲走过来让他明白，这个和街角儿童乐园里的孩子类似的形象是他自己的形象的话。此外，如果这个孩子已经会说自己的名字——小名或者大名，他绝不会用这个名字来叫镜中的孩子，他会说"宝宝"。他走向"宝宝"，而不是自己的形象。如果我们不对孩子说"这是你"，而是说"这是你的形象，旁边是我的形象"，我们就教会了孩子认识自己的形象。

这样，孩子就开始明白镜中的形象是什么，这完全不是他在和其他人的关系中构造出的自身形象。②

孩子感到如此惊讶，如此震惊，这让他们去观察自己。你们知道会发生什么吗？为了对抗这种焦虑和奇怪的不安，他们

---

① 这里说的这个孩子是让（Jean），弗朗索瓦兹·多尔多的大儿子。在《教育之路》(Les chemins de l'éducation，Gallimard，1994，pp. 328-330) 一书中，同样从这个家庭回忆出发，我们可以读到弗朗索瓦兹·多尔多对于教育的反思，尤其是对孩子发展过程中的一些危险的反思——如果孩子在一个人们不断给予他作为榜样的另一个人的意象中被异化的话。

② 这应当被看作对身体无意识意象的暗示，后者和镜中反射出的可见的意象是不同的。关于此问题，参见 L'Image inconsciente du corps（《无意识身体意象》），op. cit.，pp. 147-163，及 L'Enfant du mirror（《镜中的孩子》），Françoise Dolto，Juan-David Nasio，Rivages，1987；Payot，1992。

只能做鬼脸。他们对着镜子做鬼脸，在做各种各样的鬼脸的时候，他们很高兴地发现——这可能是戏剧的起源——凭借着鬼脸，我们赋予(表情动作)语言一些召唤性的东西，后者是可以通过话语表达的。

对于孩子这个看到自己、看到自身形象的人而言，面部与肢体语言出现在镜中，这是一个非常重要的时刻。通过纳喀索斯①的故事，我们能明白这一点。对于老是重复自己说的话的仙女厄科②，纳喀索斯感到有点恶心，想要一些新的东西，于是就去欣赏自己在水中的倒影，并沉溺在对自己的爱中，沉溺在对

---

① 源于古希腊神话美少年纳喀索斯(Narcisse，水仙花、自恋者)的故事。美少年纳喀索斯有一天在水中发现了自己的倒影，却不知那就是他本人。他对影子爱慕不已，难以自拔，终于有一天因赴水求欢而溺水死亡。——译者注

② 厄科(Echo，回声)，古希腊神话中一位掌管赫利孔山的山岳神女。她爱在山林中打猎嬉戏，所以山谷中总是回荡着她银铃般的欢笑声。不过厄科有个毛病，就是多嘴多舌，爱接话茬，有时甚至还会挑弄是非。《变形记》中记载，有一次，天后赫拉发现自己的丈夫宙斯不见了，到处找也找不到，便怀疑丈夫在和某个水泽神女厮混，前去找他。厄科用绵长的闲话牵制住赫拉，使和宙斯私会的女神趁机逃脱。真相大白后，赫拉便对厄科做出了残酷的判决，使她丧失了说话的能力，并让她永远也不能表达自己的本意，直到遇到心爱的人才能应声。虽然厄科遇到了不少人，但就是没有她喜欢的。所以她一直在等待着，坚信自己喜欢的人一定会出现。终于有一天，厄科遇到了她心爱的纳喀索斯。厄科一见到风度翩翩的英俊少年纳喀索斯便倾心于他，但她无法表达对他的爱意，随后因被纳喀索斯误解而愤愤离开。从此，厄科就在岩洞与哨壁之间徘徊。伤心之下，她最终耗尽形体，化为山岩。但她的声音却依然存在，只要有人呼唤，她总会回应。她始终保持着原来应声的习惯，重复着简单的应声。——译者注

自己水中形象的爱中。①

　　幸运的是，镜子并不会像纳喀索斯的故事一样，产生一些自残或是完全损毁自己生活的纳喀索斯。但如果没有人回答孩子，只是重复孩子所说所讲的话，而不是提供一个对于他们的精神世界而言有价值的心灵相遇，一个与某个尊重他个体存在，有着不同的欲望，并向他指出这一点的另一个人的相遇的话，结果就会像纳喀索斯一样。

　　这就是对宝宝说话的重要性，不管他年纪多小。对于大一点的孩子，我们要同样如此：要对他说我们感受到的东西，真的东西——真的，而不是想象的东西。

　　让我们举一个助产妇的例子吧。在接了二十场生以后，她筋疲力尽，觉得受够了。假设此时有一个宝宝因为焦虑，比其他宝宝多哭了几声，这个助产妇就会对母亲说："哦，这个宝宝，他会够你受的。"这会印刻在母亲心里，不幸的是，同样会印刻在孩子身上。这些话语会在孩子身上打下印记，我们并不总是能通过母亲了解到这一点。这些话语就像一些肯定性的判断，而且不仅如此，它们也是孩子行为的诱发因素。因为助产

-----

　　① 在神话文本中［Ovide, *Métamorphoses*（《变形记》），Ⅲ，pp. 339-510］，刚好相反，纳喀索斯不相信厄科的爱。对于后者，神谕规定了她的命运，让她变得很出名。我们不能肯定，关于纳喀索斯，弗朗索瓦兹·多尔多在这里仅仅犯了一个假设上的错误。这更多的是她的一种非常个人化的用直觉来推动一个阐释的方式，就像是超越了严格的精神分析实践领域，而从不同领域的经验中提取的一个直接而浓缩的知识一样。关于这个神话，参见 *La Cause des adolescents*（《青少年的利益》），Laffont，1988，pp. 31-32。

妇是一个非常重要的人：是她把我们带到世上，是她带领我们度过人生的第一个生死关头——诞生时的生死关头——来到另一个空气的世界中。显然她是一个非常重要的人，因此，她所说的话同样也很重要。她做出了真正的拯救行为，她的话语也就成了被拯救的生命的一部分。这样我们便可以理解，为什么这些话能起正面或负面作用。"这个孩子，他会够你受的。他将变得让人无法忍受，你没法养他。"这是母亲听到的，而孩子为了让自己活着，就会变成这样，因为这个话语伴随着穿越危险活了下来这个事实，而且这个有知识的人（即助产妇或者产婆，在场的最初的第三者）讲了这样一个神谕，一个真理。

因此，应该让母亲也参与治疗：为什么这个女人的话对她来说似乎是真理呢？应该把这一直追溯到母亲对这个女人的移情中去吗？这是因为后者尽管很疲惫，但是在母亲入院时对她很亲切吗？母亲对她曾经有一种正面的或虽然带着矛盾情感但还是以正面为主的移情吗？应该说，母亲曾"被托付给"助产妇这个在话语层面上带来厄运的巫婆，后者筋疲力尽，需要小小地报复一下这一天下来的疲惫不堪。她只是通过这样说来报复："嗯，瞧好吧！这个孩子，他会够你受的！"如果没有那么疲惫，她也许会抱起孩子，把孩子交给母亲，那么一切就都不会发生。谁知道呢？这就是为什么必须追溯事实。当我们带着幽默，与母亲和孩子一道来谈论他们之间关系的起点时，我们就已经做了很多事情，让孩子不再被迫把助产妇的声音当作"父亲"。因为和妈妈在一起的第一个他者，是父亲（这个怀孩子场景中的第三者）。

助产妇是紧接着孕育者的一个人，对于孩子来说，这是一个象征性的孕育者，人际关系和最初的三角关系的象征性孕育者。当我们明白，孩子通过他所听到的最初的空气里的声音对母亲之外的另一个人产生移情，并且明白，在作为孩子行为诱发者的意义上，这个声音就像一个无所不知的父亲的假声一样具有预言性的重要价值时，弗洛伊德的理论框架能为我们的工作提供一个很重要的支持。

童话中一直都是这样的：女巫和仙女说了一些关于孩子的话。在今天，这其实同样存在，我们能够在一些特别敏感的孩子身上看到这一点。这些孩子出了一些状况，成为社会边缘人。为了试着变成可以被社会接受的人，他们来见精神分析家或心理治疗师。

必须要追溯到那些让他们变得让人无法忍受的该死的东西。这个东西，就是有一个父亲并且按照父亲的意志来行事。这个"父亲"可以是诞生时遇到的那个不幸的助产妇。她的话语通过孩子的行为表达出来，撑起了孩子的存在，这是孩子诞生时语言的三角关系的源头。

因此，我们可以明白，一切皆语言，而且在诞生的人的心中和象征性系统中，作为话语的语言是最有生命力的。（孩子）为了在一具男人或者女人的身体中发展成长，孩子必须与一个男人或者女人的嗓音产生联系，必须与另一个和母亲的嗓音有关联的嗓音产生联系。另一个人并不一定始终是男性，这意味着，在孩子、母亲和第三者之间有一个强烈的撞击。

让我们举一个正在服丧的孕妇的例子——也许她父亲在她怀孕期间去世了。那么，孩子身上始终会留有作为一个不在世的人的对手这样一个印痕。这甚至可能导致他只认同孕期最后几个月里母亲头脑中的头号人物，而不能接受自己身体的存在，始终"心不在焉"，无法好好活着。

这同样是我们在父母的既往史中发现的东西。

或者另外一个例子：一个孩子还未诞生就死了，母亲并未完成对这个孩子的哀悼，还不能接受孩子死去的事实，于是再次怀孕，期待用另一个孩子来代替他。她隐约希望——这对她而言很重要——孩子重新降生，并且是同一性别。这给即将诞生的孩子深深地打上了一个烙印。

许多我们称之为精神病患者的孩子就是被打上了一些类似的情感烙印。只有当我们明白这来自何处时，这些烙印才得以抹去。有时，是孩子自己说出来的，或者他们在自己都没有意识到的情况下，通过动作和表情表现出来。

我记得有一个小男孩，他直到十四岁才有机会和我一起做精神分析。从两岁起，他就开始去日间医院①。这是一个聪明的孩子，一个活生生的漫画人物。他带着一个大袋子去翻垃圾桶，到处去捡纸，并尽可能地捡收据和支票存根。他很熟悉一

---

① 法国的一种医院，病人白天在那里接受治疗，并不过夜。这里应该指日间精神病院。——译者注

些商店和批发商的垃圾桶，里面都是扔掉的档案。不管是去日间医院还是在地铁里，他一直随身带着这个大袋子。不背负着这些债务档案和过期票据存根，他就生活不下去。

大家容忍他这一点。他也上过学，并不傻，只是有点"疯疯癫癫的"，简而言之，就是有精神病。中学不想接收这样一个男孩，而且他总带着惬意的微笑，不断说些破产的事。他会惬意地说："嗯，今天某个大公司倒闭了。"他就是这样一个"疯疯癫癫的人"，日间医院里有很多这样的人。那是一个非同寻常的人类世界，里面的人置身于一些不同的象征性功能中，彼此没有联系，构成了一个奇特的大杂烩。对于那些不了解他们的人来说，这很让人着迷，尤其是对那些尊重人类的人来说，更是如此，因为其中每个人都自成一体。但这很可怕，因为这些人并不自由，也不知道维护自身的独立自主。

因此，我们感到有责任帮助这些古怪的人，帮助他们保留他们想要的"疯疯癫癫"，同时学会保护自己，不成为众人的笑柄，最终能够自立，成为自由的人。

幸运的是，这个孩子开始出现一些讨厌的性格障碍。在此之前，除了他的家人以外，他并不妨碍任何人。现在，他开始口头挑逗女人，和她们谈论她们的"奶子"。他问每个路过的女人："你的奶子长什么样？啊，我多想看看你的奶子啊！"他十四岁了，正在变嗓，街上的人议论纷纷："这个家伙干吗呢?"带着他的大袋子和惬意的表情，他变得很让人讨厌。此外，他开始想摸女人袒露的胸部和肩部。所以，人们带他去做精神分析背景下的心理治疗。他被带到日间医院之外的门诊来见我。

我看到这个可笑的漫画人物走过来，就对他说："这里面一定有故事。"

"哈！了不起！第一个觉察到这一点的人，就是你！你，你也有奶子吗？"

"当然，每个人都有。但由于我是第一个觉察到里面有故事的人，我们也许可以谈谈这个故事，而不是谈我的奶子。"

"好的，那么破产呢？"

"每个人每时每刻都或多或少地在破产。今天我们先说点别的吧。"

"你知道，画一幅画能更好地说明问题。"

"嗯，好的，为什么不呢？"

他开始非常安静地画画。关于我要和你们讲的这幅画，没人能猜到它所揭示的东西。

他画了一个怀孕的女人，大腹便便地在一条街上走着。这个女人背后，有一个像章鱼一样的东西把触手伸到她的肚子上。这是一幅有点像漫画的画，审美上有点庸俗，但是画得非常好。就像孩子会在他们画的房子、树旁边写上"房子""树"一样，他也写上了一些名字和日期。"某某"（怀孕的女人的名字），我后来知道这是他母亲的名字；"二十五岁"；"某某"（章鱼的名字）；"十八岁"（他自己那时十四岁）。此外，还有"破产"的公司和总经理的名字。所有的一切都很有"表现力"。

我对他说:"这一切到底是什么呢?"按照我一贯的工作方式[①],我问道:"那么你,你在哪儿呢?"

"很明显啊,一眼就能看到!"

"是吗?"

他指指画中母亲的肚子,对我说:"乳房。"他用的不是"奶子",而是"乳房"这个词(事实上,在"母亲"的"奶子"那里,他画上了胸罩)。他指着画中女人的肚子,告诉我:"我在这儿。"

"那这个长着触角,在这个女人背上像章鱼一样将要攻击她的肚子的东西是什么呢?"

"这就是那个不想让我诞生的东西。"

"那是什么?"

"嗯,她叫作某某。你不认识她吗?"

"不认识。"

"她的计划破产了,因此我就出生了。"画里是个女孩的名

---

① 无须再更多地强调弗朗索瓦兹·多尔多在其与儿童的精神分析工作技术中,赋予绘画(和胶泥)的可观的重要性了。我们能在《欲望的游戏》(*Au jeu du désir*, Le Seuil, 1981, chap. 4, pp. 69 et suivantes)一书中,找到一个正式的介绍。弗朗索瓦兹·多尔多在其他地方解释过,绘画的使用是受到了莫根斯坦夫人的启发。参见 *Quelques pas sur le chemin de Françoise Dolto*(《在弗朗索瓦兹·多尔多的道路上前进几步》), op. cit., Le Seuil, 1988, pp. 11 et suivantes。就像这里呈现的那样,这种对于孩子的提问的方式——问"他在画中的哪个地方"——是建立在孩子的画具有一种拟人化倾向的基础之上的。参见 *L'Image inconsciente du corps*(《无意识身体意象》), op. cit., pp. 7, 15, 28。同样要注意到,弗朗索瓦兹·多尔多在很多年间持续开设了关于儿童绘画的讨论班,不过相关讨论记录尚未出版。

字，出生日期比他要早五六年。

我心想："这到底是怎么回事？他在胡说八道吧！"因此我就提议说："你允许我见见你父母吗？因为我一点也不明白你的故事，虽然它看上去……但是，我们正试着一起工作，来让你变得不那么可笑，并能够继续学业。如果你继续在街上玩你那套把戏的话，警察就会把你抓起来，因为那些女人并不想让你去脱她们的衣服，来看她们的奶子是否还好端端的！如果你愿意的话，我想见见你的父母。"

"好的！"

然后，我了解到一些这位母亲从未在日间医院里提起的事。事实上，她失去过一个孩子，后者名字和画中章鱼的名字一样。孩子是在一岁半时因病去世的，那时她已经怀孕一两个月，完全没有对孩子的死释怀，并且没有意识到这一切。她告诉我："我期待着另一个孩子的诞生，从中获得许多安慰，而且想着，肚子里的这个孩子也会是女孩，大家会说和头一个长得一模一样。我完全不痛苦，只有我的丈夫继续为此难过。我对他说：'老二的诞生会大大宽慰我们。'但我丈夫一直为失去老大感到遗憾。我可不这样。我儿子又是怎么知道她的名字的呢？搞不懂，我从未对他提起过这件事。"

"会不会是通过墓碑呢？"

"啊！有可能。"

在医院档案里，她说自己有两个孩子：大的是个女孩，小的就是这个男孩。她完全没有提到过那个死去的孩子。但在她怀这个男孩的时候："让我觉得特别意外的是，自从知道自己怀孕起，我就一直处于对第一个孩子的哀悼中。我心里只想着那个自己觉得忘了的大女儿。那时我和丈夫谈起自己的伤心，他对我说：'你看，我在慢慢好起来，可能就是因为这个原因——有时家里会发生这样的事——现在是你开始伤心了。但是，你知道，即使我好多了，这个女儿（老二）也并没有完全替代老大。对我而言，那个小女孩还活着。但我没有那么痛苦了，你也会好起来的。'"

我想，妻子的第三次怀孕让这个父亲得到些安慰，尤其当他看到这是一个男孩的时候。就像许多已经有两个女儿的父亲一样，他感到非常高兴。

因此，在母亲对于这个他所不认识的、在家里不被提起的大姐姐的哀悼中，这个孩子被孕育了。他把她画成一只攻击胎儿的黑章鱼，但是章鱼的计划破产了，因为他最终还是降生了。这就是他通过绘画所讲述的他的故事。

这是一个从出生起就背负这些的孩子。尽管在小学的时候，他的成绩足够令人满意，但他还是因为一些奇怪的行为和孤僻状态被退学了。然后，随着青春期的到来，他处在"乳房"（内部的乳房、外部的乳房）的问题中。他和母亲一起处在这样的问题中，后者在怀他的时候，只想着自己死去的大女儿。只有死掉或者变成女孩才能被爱。怎么才能既活着又死去呢？那些他一直拖着的过期债务清单就是从这里来的，同时，是总经理导致了破产。破产这个事实，就像他讲的那样，意味着死亡的企图破产了，他抵御住了死亡的力量。事实上，他正经历自己的俄狄浦斯期。他在和母亲怀他时另一个对母亲而言很重要的人竞争，即母亲刚刚开始哀悼的那个小女孩。

"父亲"并不总是亲生父亲或母亲的男性伴侣，而是一个占据着怀孕中的母亲的思想，扮演第三者这一象征性角色的人，也就是那个处在母子二元关系中的父亲。

在这个案例中，相对于召唤孩子成为负责任的个体这样一种正常的发展而言，这个第三者引导孩子的欲望以一种完全扭曲的方式进行发展。

这正是我们精神分析家的工作：解码一种这样的语言，它干扰了进入话语之前的孩子的语言—身体发展中的协调一致。

对于那些出现早期紊乱的孩子，我们应该很早就介入。应该对宝宝讲那些他曾经承载的悲剧。从我们用话语向一个孩子讲出这些曾经干扰到他和母亲，或者他和自己的关系的东西的时候起，我们就能避免他糟糕的生活状态的恶化。有的时候，我们能够避免他进入这种状态。

这就像是我们抹去了咒语和与之相连的反生命的东西一样，它阻碍着个体身上的生冲动变得比死冲动更强大。就像一枚硬币有正反面一样，我们始终都有一个想要回到出生前没有身体的主体的欲望。这并不是死亡，而是生命诞生之前一种假定的永恒状态。

我们有了身体，就会处在变化中，因为身体会成长，直至死亡。每一天都有变化，同时，身体的功能也都是重复的。因此，始终不变的就是一些需要，这对于有欲望的精神系统而言是致命的。一方面，我们始终被无生的冲动和重复的冲动所占据——在精神分析中，我们把它们称为死冲动。它们既是个体的死冲动，也是欲望主体的死冲动，后者不想诞生，因为那样太容易了。另一方面，我们又有生冲动，它们是个体保存的冲动和欲望①的冲动。

需要是重复的，欲望却始终是新的，正因为如此，在教育中，我们应当注意，不要满足所有的欲望。要始终通过话语来证明主体说出这些欲望的正当性，而不是去放弃或批评它们。对于需要，是的，应该去满足；对于欲望，应该多谈论。话语、画画、动作、胶泥这些表现形式，形成了文化、文学、雕塑、音乐、绘画、舞蹈，所有这些都是欲望的表现形式，而不是和另一个人的身体交流。这是一些用来和另一个人交流自己欲望的表现形式。就是在这个地方，教育应该注意支持始终朝向新东西的欲望，而不是去满足它们。因为它们一旦得到满足，就变成需要了，就要以一种越来越强烈的方式去重复满足它们。因为需要是一种习惯，而习惯没多大意思，是一些要命的东西。

我想让你们明白的就是这个：人类必须前进。如果不前

---

① 弗朗索瓦兹·多尔多在这里完全使用了弗洛伊德生死冲动对立的思想。然而，她也做了一个属于自己的阐述。参见 *L' Image inconsciente du corps*（《无意识身体意象》），op. cit.，pp. 52 et plus encore，dans *Séminaire de psychanalyse d'enfants*（《儿童精神分析讨论班》），op. cit. t. Ⅰ，chap. 13，pp. 162，167 et suivantes。在弗洛伊德学院，弗朗索瓦兹·多尔多在她的讨论班中曾花了一年的时间(1970—1971)讨论死冲动问题，这一讨论班尚未出版。

进，人就会变得没有活力，如果长时间没有活力，就会倒退，会倒退到自己的个人历史中，会按照过去的力比多模式来退行。如果这些过去是创伤性的——比如一次很糟糕的怀孕经历，退行到那个时候就很危险。为了不退行到那里，唯一的办法就是讲出来，用说话这种表现方式来表达这一危险的退行。从它被说出来的时候起，我们就不再退行了。精神分析工作的有效性就在于此。当那些早期经历可以在治疗中被重新记起，并在移情过程中被重新经历时，它就被分析了。

此外，也是这一点让某些心理治疗的方法像精神分析一样聚焦于重现过去的经历，虽然两者并不完全一样。

人们来做心理治疗，是因为他们感到痛苦。在意识层面上，他们知道是什么让他们痛苦。他们围绕着这一痛苦来讲。但是对感到痛苦这个习惯，他们却无意识地坚持着，并不想放弃。他们既想摆脱它，但同时又不愿意放弃它，因为就是如此：活着就是痛苦，但是实在是太痛苦了。因此他们来做治疗，因为这一痛苦正在抑制并阻碍他们的发展。不幸的是，他们抱着这个痛苦不放，所有的工作都在于用话语说出那些他们抱着不放的东西，以便让这些东西失效，让他们不再需要它们，让欲望朝另一个愉快的方向重新开始，而不是留在痛苦中。这就是心理治疗。

精神分析要更复杂一些，因为在精神分析中，我们的目标不是治愈，不是针对一些已知的东西。通过精神分析，我们追溯个体身心或精神语言的历史。

例如，对那个缝纫机精神病孩子的治疗，就完全不是心理治疗，而是精神分析。在母亲的帮助下，这个孩子的历史能够从他误入歧途的地方开始更新。因为没有父亲，恰恰是缝纫机扮演了第三者的角色，扮演了满足欲望和需要的金钱制造者的角色，它就成了父亲的替代者，成了母亲的他者。这不可能是每周六让母亲失望的先生，他以这件或者那件坎肩的扣子没钉好为借口，克扣工钱。母亲被这位先生折磨着，因为她本来想的是这周挣了多少钱，而他总是挑三拣四，说"就是这么多钱，要拿就拿，要不我就不接你做的活了"之类的话。孩子清晰地感到母亲和这位先生之间的紧张关系。因此，他认同的是母亲爱的，能让母亲挣到钱并让两个人活下去的东西：缝纫机，这个朋友。不幸的是，这是一个东西，不是一个人。但对于孩子来说，它似乎是活的，因为它总在动。这让家里有了生气，它发出的声音和妈妈的动作是协调一致的。

我们能追溯这段历史，明白其中对孩子来说曾是正常的，始终是正常的，但是却欺骗了他的理想自我①的东西。为了有

---

① 我们知道，对弗洛伊德的"Ichideal"这个词的法语翻译，加深了自我理想和理想自我之间的区别，这一区别是拉加什（Lagache）所提倡的。参见 J. Laplanche et J. B. Pontalis, *Vocabulaire de la psychanalyse*（《精神分析词汇》），PUF, pp. 255 et suivantes。就是在这一方向上，弗朗索瓦兹·多尔多重新使用了理想自我这一概念，参见 *L'Image inconsciente du corps*（《无意识身体意象》）第29页的脚注。关于这一点，我们还可以参考 *Au jeu du désir*（《欲望的游戏》），op. cit.，chap. 4，pp. 87-94；*Le cas Dominique*（《多米尼克个案》），op. cit.，Appendice，pp. 229 et suivantes。

一天能拥有一位像母亲一样有价值的妻子，一个有价值的男孩应当认同的理想自我就成了机器。

这就是精神分析，而心理治疗也许会让他做点别的什么来分分心，这也许会让他忙起来（而不去收集票据）。当问题非常深、非常早——出现在怀孕期间或者生命的头几年里——时，就必须做精神分析。

相反，当要治疗的是一个非常健康的人——很合群，玩的时候很开心，有不少同伴，只有在有事的时候才伤心——的时候，当一起悲剧性的事件让他有了创伤时，如果我们知道是在哪个时期，而且知道之前的东西仍然完好无损，就不需要做精神分析，做心理治疗就够了。例如，在一个孩子之前都很好，但九岁或者十岁时父母中的一方去世的情况下。

因此，围绕这一事件，有些东西需要被"心理治疗"，但是之前其他的东西始终是健全的。个体的基础健全的话，就不需要追溯到他的童年早期了。

他也可以做个精神分析。每个人都可以做一个精神分析。但是这需要付出很多的时间、金钱还有能量！一个个人精神分析需要许多的能量，多到我们难以想象。除此以外，我们也没有足够的分析家来给所有的人做分析！但是我们可以说，对于大多数在六岁前遇到问题的孩子来说，应该做一个精神分析而不是心理治疗。也就是说，应该追溯个人历史，可能的话，一直追溯到他通过父母交欢成为肉身的欲望中。有些孩子会追溯到这个时刻。他们常常是一些容易抑郁的孩子。

应该追溯到他们出生的时刻，或是胎儿期三个月时发生的一场意外，甚至追溯到受孕的时刻。例如，他们曾经在受孕后最初两三个月里被忽视了，于是他们就有一种想回到这种生命被忽视状态中的欲望，表现为忽视自己的存在，常常走神。有时，在他们的个人分析过程中，他们重新找到一些自己童年的见证者，说："嗯，是的，你的母亲认为她有个子宫肌瘤。她去看医生，但实际上她是怀孕了！你想想看，她在怀上你之前，已经有一些大孩子了，但这时堕胎已经太晚了。"原来如此。

而孩子静悄悄地经历了这一切，没有人想到他在母亲的肚子里。

以后，当这些人出现问题时，他们就有一种想要抛弃所有关系，甚至和自己的关系的倾向，来让别人不要理会他们……这时，他们看上去完全丧失了意志，因为他们必须让自己消失，离开朋友们。后者尊重这些并不是拒绝的自我封闭。

他们有一些来自生命最早期的东西，这些东西只能通过精神分析而不是心理治疗揭示。

一个人是受与周围人意识和无意识的真实交流的深刻影响的。这些人首先是母亲、父亲和那些扮演着母亲的他者角色的人。

我先讲到这里。如果你们觉得有点跟不上的话，我将通过一些例子，通过回答一些你们提出的个人问题，或者一些你们各自在工作中感到棘手的案例，来让这变得更清楚一些。我们也许可以澄清并理解，从个体可以听到它的时候起，语言是如何在个体发展过程中结出硕果的。这些果实就是对生冲动的刺激、支持或抑制。这取决于个体听到了什么，理解了什么。

接下来，弗朗索瓦兹·多尔多回答在场听众提出的问题。

问题：如果说舞蹈和音乐是一些欲望的表达方式，而且不应当满足欲望的话，那么，让小孩子学跳舞是不是就不好？

弗朗索瓦兹·多尔多：这和我说的刚好相反。我说的是，我们永远没有办法满足一个欲望而不让它自身增强。如果欲望是真的，它就无法被满足。如果欲望不是真的，它自然就停止了。因而就舞蹈而言，如果孩子对跳舞感兴趣，就是孩子自己来满足这一欲望。但如果母亲是想通过孩子来满足自己想跳舞的欲望的话，那么，实际上，孩子确实是被母亲利用了。相反，如果通过赋予这个孩子一个了解舞蹈这一自我表达途径的机会，让他带着自己对舞蹈的爱去坚持的话，这就不是你去满足他，而是他跟着一些以指导别人通过跳舞来表达自己为职业的人，来试着满足自己的欲望。

舞蹈是一门语言。这门语言并不仅仅是身体的满足，或身体与身体之间的满足。这是一门超越身体的艺术。

我和你们谈到过一些身体自身的满足，它们如果没有通过长期的工作就直接获得的话，实际上会很快成为一种需要的重复。

问题：请举个例子具体说明一下什么叫作满足孩子的需要，而不是满足其所有欲望。

费朗索瓦兹·多尔多：例如，一个孩子不想吃饭，那就千万不要逼他吃饭。因为如果这是一个需要的话，他就会吃；如果他不想吃，就说明他不需要，这只是你的欲望而已。你可以对他说："如果你不饿的话，很好，那就饿的时候再吃吧。"妈妈们并不知道孩子什么时候会饿。此外，你可以说："如果你饿了，要用你自己的手吃饭，而不是像你还不能自己吃饭的时候那样，让妈妈给你喂饭。"

这会逐渐帮助孩子自立，这就是我说的（像妈妈一样）自己照顾自己。在孩子那里，（像妈妈一样）自己照顾自己开始得很早，在孩子学会走路之前就开始了。从他要么因为感到饥饿，要么因为想要认识一个东西而把它放到嘴里起，这一行为就既和需要有关，也和欲望有关。

我们的角色并不是像自己认为的那样，让孩子的需要具有一些节律，而是服务于孩子自身的节律，当孩子饿的时候给他吃的。他会从那些我们拿给他的东西中拿自己想吃的，如果他不想吃的话，我们应该对他说："好的。"在不饿的时候吃东西是一个荒谬的举动：我们不知道自己在做什么。甚至可以说，在不饿的时候吃东西是"变态"行为。一个孩子被灌输在不饿的时候也要吃东西，就像是为了取悦大人，他得学会一种变态行为一样。

关于我们称之为"不用尿布"的大小便不失禁这件事，也是一样的。让我们举个已经大小便不失禁的小女孩的例子。她十五个月时就自然做到了大小便不失禁，对女孩而言这有点早，但考虑到女孩在满足排便需要的快乐和性冲动的快乐之间并没有任何联系，这也并不是特别早；然而在男孩身上，就存在这样一种联系：这就是男孩大小便不失禁要比女孩晚的原因。

男孩每晚平均有七次左右的阴茎勃起，我们发现，直到大约三十个月大以前，在这些勃起的过程中，他都必须要尿尿。因为到三十个月时，勃起的阴茎才和膀胱失去联系，而和精囊有了关联。在二十一个月到三十一个月之间的男孩身上，有一个器官发育了，这让他不能再像以前那样在勃起的时候尿尿。未来有一天，他会（在勃起的时候）射精，但在此之前，什么都不会排出来，因此每一次勃起，他都有通过随便尿尿获得快乐的可能。

男性在勃起时排尿这一天性是非常重要的，以至于当男孩越因为妈妈想要他——而不是他自己想要——撒尿就撒尿而被看重时，他就越会长时间在晚上尿床。因为在夜里，他不能控制自己的勃起。由于他不应该尿床，而且妈妈同样也说，触摸性器官来让它勃起，这是一件既不美也不好的事情，所以他就被迫排尿，来让阴茎保持半勃起，而不是获得一个完全勃起的快乐。在他睡着的时候，超我警戒着。在完全和快速勃起的情况下，孩子不能排尿；但在半勃起的状态中，在一段时间内，他还可以排尿，即使在生理上，这会有点影响那个叫作精阜的器官。喉结会在后来发育（让男孩声音变粗），而精阜在孩子二十八个月到三十个月大之间发育。从此以后，勃起的阴茎就不能排尿了，只有未勃起的阴茎才能排尿。

因此，男孩和女孩不一样。两者都是在白天能够不失禁的三个月后才能在夜里做到大小便不失禁。在没有人为干预的情况下，他们自然就会这样。过早的大小便自理是个体独立自主滞后的症状。过晚的大小便自理是欲望与需要过度混淆，或孩子性发育迟缓的症状。

就像我说的那样，女孩会更早不需要用尿布，因为在她们身上，在身体需要的快乐和期待被迷人的王子（其象征物是戒指）穿透的欲望的快乐之间没有任何联系。你们知道这首歌："有十个女孩要嫁人，国王的儿子刚刚经过。"①歌中的王子和所有的女孩调情，但只有一个女孩被选中。你们都很熟悉这首歌，女孩子尤其喜欢它。这很典型，女孩们期望并等着被那个她们看重的人的目光和情话穿透。女孩的性器官和排泄器官没有任何关系，如果说她们身上存在一个有点致病和反常的关系的话，就是人们会让她们相信，是妈妈"拉"②了宝宝。她们因而有一个这样的图式（不可能有其他的图式），即宝宝是一种神奇的粪便——此外，许多母亲叫她们的孩子"我的小甜心（crotte）③"。

这是一个非常重要的时刻，不要忘了对孩子说："我生了

---

① 这段歌词来自法国童谣《有十个女孩在草地上》。——译者注
② 这里的法语词的原形是"faire"。这个词在法语中有很多意思，既有一般的做、干、从事的意思，也有生育、生产以及排泄的意思，所以，这里孩子可能对它有误解。——译者注
③ "crotte"一词的字面意思是动物的粪便。——译者注

你，但是你也是你父亲的孩子。"如果不是一个男人给予她这种可能性的话，一个女人永远也不可能有孩子。孩子是在父母结合之后，在女人的身体中发育成熟的。

这不是神奇的母亲，也不是神奇的粪便。说这个很重要。因为这一对于消化过程的想象被用作分娩的魔术——宝宝就像一种特别的大便一样，这让许多正在准备分娩的女人感到非常不自在：许多女人对"分娩"有一种错误的观念。就像她们说的那样，她们是通过"腰"来分娩的，因为"用力，女士"这一表达方式与其生殖通道的意象是相反的。后者的形状和功能常常不为她们所知，然后，从准备分娩开始就变得不一样了。但是从童年起，女孩们就应当被告知给自己带来快乐并起生殖作用的系统的功能解剖构造。

女性的生殖通道就像一个丰饶之角①，也就是说，在分娩的时候，女人感到自己的身体像一个从前面打开的丰饶之角。没有重力的话，孩子是头对着母亲诞生的。但是，我们是在重力环境中生产的，所以孩子的头会先出来。在现实中，这一运动也是一个圆周运动：孩子在从母亲身体里降生时转了一个圈。

无论如何，用消化的形式表现怀孕生产过程是一种想象性

---

① 在古希腊神话传说中，宙斯幼年在和母山羊玩耍时不小心推倒了它，母山羊因此摔断了一支美丽的角。仙女阿玛尔忒亚赶忙为它治伤，宙斯则拾起这只羊角，赋予它神奇的魔力，并将它赠给了善良的仙女。这只羊角从此被称为"丰饶之角"，因为它能产出各种美味的食物。——译者注

的紊乱，这可以归结为女孩童年期的"性倒错"。在语言中，这让她们以为女人是单性繁殖的，并且可以创造一些没有男人的社会。

对于男孩来说，生殖器官是完全与泌尿器官连在一起的。所有那些干扰其泌尿功能节律，让他对此有负罪感的东西，都会影响他未来的性与生殖功能。对男孩的性教育完全不应该这样，应该最终让他尊重自己的性，并在爱情和身体关系中尊重另一个人的性，以便获得一种双方欲望都满足的快乐。因此，完全不是要让他对阴茎勃起有负罪感！然而，人们常常这么做。一旦他触碰到自己的生殖器，或者扭来扭去的时候，我们就对他说"快去撒尿"。而恰恰经常发生的是，他碰自己的生殖器或者扭来扭去，是因为勃起了。摸摸生殖器让它软下来，这是非常自然和"正常"的。这是他作为一个小男人的神圣义务。他发现，虽然勃起并不是自主的，但他有一种让勃起消退的能力。因为当我们忙着做其他事情的时候，勃起让人不舒服，让人走神。

你们能看到所有这些对于孩子的未来是多么重要。

我遇到过一个老医生。我有点啰唆，那些听过我演讲的人可能已经知道这个故事了。但是，当我们还是年轻的儿科医生，正在成为精神分析家的时候，这些故事带给我们很大影响。

我那时参加一些狩猎或者钓鱼活动。医生们很喜欢这种消遣活动，这让他们在周末的时候可以走出诊所透透气。其中就有这位老先生，他那时九十二岁了，曾是优秀的猎手，很喜欢参加我们所在的狩猎俱乐部的活动。他知道我接诊孩子，有一天，他对我说："在我那个时代，没有尿床的孩子。我到第一次世界大战以后才看到一些这样的孩子，而且很少。"我那时相对年轻，回答道："你说的这些很有意思。我还以为这一直存在，想着是因为母亲们在抚养孩子的时候，在孩子神经系统能控制大小便之前，就让他们对大小便失禁产生负罪感。"

"啊，我年轻的同行，你说这些让我很感兴趣。我可以告诉你的是，我从来没有时间去理会弗洛伊德那一套，但是我给那些年轻的夫妇们带来了多少帮助啊！"他谈到一些生殖—性生活的障碍，并把它们和孩子的遗尿问题连在了一起。在第一次世界大战以前，他并未见到许多这样的问题。"有些男孩很大了都还尿床，但很少见。我熟悉这些家庭，就对他们说：'不用担心，你就是这样。你爸爸告诉我他小时候也这样。告诉你的妻子耐心一点，你儿子就是这样，但你们最后都没有问题。这不是一种疾病。'这就好像一些孩子说话说得比较晚，或者运动功能发展滞后，虽然他们比其他人更晚开始，但最终也可以变得很机灵，甚至成为杂技演员。"他继续像这样自言自语道。

事实上，发展是不分年龄的。重要的是，不要在一个孩子对运动、对控制大小便感兴趣之前，就要求他具有一种相应的行为。

他又说了一件很有意思的事："我，我在第一次世界大战以后才看到这个现象。一战后，在农村，对于给孩子包没晒干的襁褓，女人们常有负罪感。因为我们告诉她们，孩子的腹泻——我们那时叫婴儿痢疾，现在叫内因性中毒的东西，它曾是一个导致婴儿死亡率奇高的因素——可能源于此。我们让母亲们明白，应该给孩子包很干的襁褓，否则孩子的肚子会着凉。为了灭菌，必须先煮一煮襁褓，再用铁熨斗烫。"

因此，这些女人就有负罪感：如果她们的孩子因痢疾夭折的话，就有可能是她们的错。她们彼此之间都这么说，她们住的小房子里到处都是需要弄干的尿布。但在冬天，狭小的家里只有一个炉子，怎么才能弄干这么多尿布呢？

那时和现在完全不一样。我们现在有了纸尿布，可以用后即扔，再也不用洗尿布了。在那个时候，尿布总是漂得不干净，大家都缺水。人们必须去喷泉打水，但冬天喷泉会结冰。保持宝宝尿布的干净卫生非常困难。这就是为什么妈妈们特别留意，为了不让孩子把尿布弄脏，在他们想要大小便前，就要给他们把屎把尿。这还不是全部，另一个始终存在的威胁是：如果我给孩子换上的尿布不够干，他就会因为肚子着凉而患上婴儿痢疾，或者如果没洗干净，他就会出现臀部皮疹，就会感染。

"此外，"他补充道，"母亲们想按照英国女王引领的潮流来包——他把这个叫作英式儿童襁褓。也就是说，不是把孩子包在一个大的羊毛被里，这样他即使弄湿襁褓也不会着凉，而是应该把孩子的腿露出来让他们自由动弹。这是对的，但这同时带来了穿橡胶裤衩的危险。这种裤衩透气性不好，孩子穿上后会出汗，而湿了的尿布会在里面变凉，孩子就可能会拉肚子。"等等。因此，对于我这个年纪大的同行而言，是换尿布这个实际的问题解释了为了让孩子不因受寒、受潮而患臀部皮肤病和痢疾，母亲们的极度小心和巨大努力。

他继续说道："过去，只要孩子还不会走路，就都是用尿布的（并不要求他们做到大小便不失禁）。他们被包在襁褓里、被子里，当父母离开家去田里干活时，为了避免受到猫、狗或者耗子的攻击，他们甚至被挂在墙上。而且由于屋子用壁炉取暖，高处也比地上要稍微暖和一些。"

被包起来挂在墙上，襁褓中的婴儿不会有什么风险，就像我们在佛罗伦萨的圣英诺森医院<sup>①</sup>里看到的所有那些卢卡·德拉·罗比亚(Luca della Robbia)塑造的小孩子形象。以前孩子就是像这样被包起来的：先用羊毛被，再加上束带。一旦他们开始走路，人们就给他们换上粗毛呢的长罩衫。这是以前的一种布料，用羊毛和棉花织成，非常厚。婴儿里面穿的是小背心，然后是带褶子的长衫，可以随着孩子年龄的增长放下来。在成长过程中，婴儿的胸围尺寸是不变的，这些不分男女的长衫只要时不时放长，就可以一直穿到四岁。孩子的下半身完全赤裸，他们能随意拉屎撒尿。地面是夯土的，总有个奶奶来打扫无知的孩子留下的屎尿。人们不会小题大做，孩子很自然地

---

① 这些从 1463 年起就装点着佛罗伦萨的圣英诺森医院的圆雕装饰，并不像会议记录稿中说的这样是卢卡的作品，而是他的侄子安德烈亚·德拉·罗比亚(Andrea della Robbia)的作品。

就不失禁了。从来没有人管这件事。这一切都是自然而然的，就是这样。①

因此，我们就给男孩穿上短裤，给女孩穿上裙子，从来没有屎尿的问题。在乡村，这不是一个问题。但是，自从给孩子用英式褓裤以来，就像这个医生说的那样，情况发生了变化。一些妇女杂志推荐了这一方式："这些大屁股的小天使们，他们穿着短袖连衫短裤，把大腿露在外面，是多么可爱啊！"我不知道为什么从 1900 年起，这首先在经济条件好的家庭里成为时尚，慢慢地在第一次世界大战以后，这种做法甚至在乡村家庭中也流行开来了。

关于舒适的观念也变了。尤其是我们开始铺地板或者亚麻油毡。如果只是亚麻油毡的话，我们还可以清扫屎尿，不会弄得很脏；但如果是地板的话，情况就不一样了，必须重新给地板打蜡。在打了蜡的地板上发生的一桩小小事故，将会给妈妈带来繁重的工作。

我们因此可以非常清楚地看到，在实际生活中家庭装修有所改变后，以及在降低新生儿死亡率的斗争中，在巴斯德发现灭菌法之后，对于卫生观念的认识如何让母亲们变得焦虑。她

---

① 弗朗索瓦兹·多尔多在别的地方提到了过去看待、教育孩子的方式，参见 *La cause des enfants*（《儿童的利益》），op. cit. ，chap. 1，"Le corps déguisé"（《被掩饰的身体》）。同样可以参见她在法国文化广播电台和菲利浦·阿希叶（Philippe Ariès）的访谈，这一访谈稿收录于 *La difficulté de vivre*（《生活之难》），op. cit. ，pp. 433-452。

们担心孩子在裤裆里拉屎、撒尿会患上皮肤病，或者导致其他什么后果。

幸运的是，因为有了可抛式尿布，这方面的危险现在变得微不足道了。但是我们继续被告知，应当要让孩子很小就不尿裤子，而这件事在之前人类历史的众多世纪中其实并没引起任何人的注意。我们现在会听到孩子拉屎撒尿来"讨好"母亲或保姆的说法："啊，他已经不尿裤子了。""啊，他吃饭吃得好！"……吃饭就是吃饭，仅此而已，既不好，也不坏。由于运动协调能力发展到一定程度，孩子开始能够在吃饭的时候不弄得到处都是，但吃饭本身既不好，也不坏。饿了就吃而已。有时我们会吃很多，或很少，但是，吃得"好"，这是什么意思呢？你们总能听到母亲们问："他'好好'吃饭没有啊？"或者"他没吃'他的'奶酪吗？"（因为当然，这是他的……）"他没吃'他的'牛排吗？"他吃了他要吃的，仅此而已。

同样还有这样的驳斥："如果你不吃这个，下次我就再也不给你做了。"所有这些讨价还价真是太荒谬了，通过它们，母亲赋予这些孩子身体吸收或者排出的东西极大的价值，然而真正重要的，是带着欲望去创造一些东西和其他人交流——但不要卑躬屈膝——尤其是对于（身体的）需要，要按照自己的节律来满足。

我谈到过舞蹈，它是一种创造，对于人们来说很美。努力地去跳好舞，这才是真正属于人类的东西。这是一种既为了自己也为了别人的快乐进行的社会性创造。快乐在于对舞蹈语言的探索，这是一种富有表现力的美的身体语言。

最开始，这可能出于母亲的建议，为什么不呢？然后，要看这是不是让孩子高兴。快乐地伴随着一种韵律，带着重力一起游戏，让身体在空间中迎风舒展，这就是舞蹈。观众能够和舞者通过目光和情绪产生心灵上的交流。对于有些人来说，跳舞的乐趣是一种极大的幸福，但这需要付出巨大的努力。如果孩子自己没有这一欲望的话，把这强加给他是危险的，也是变态的。

对于一个孩子来说，为了满足母亲的欲望而起舞，实际上是充满内疚感的。希望他能为了自己和同龄人的快乐，来和舞蹈老师一起学跳舞。后者以此为职业，负责教那些想要学跳舞的孩子。母亲的欲望绝不应当通过孩子来满足。

哎！和母亲融为一体（fusionnelle）的时期曾带给孩子最大的快乐。但这不应当持续下去。同样出于这个原因，有些孩子拒绝进食，因为母亲太希望他们吃饭了。这些孩子是有道理的，如果他们继续满足母亲的欲望的话，他们就会成为变态的人，因为应该是由母亲选中的那个成年人去满足她的欲望，而不是孩子。

应当承认，我们全都有点像这样：当我们做了一道精致的小菜，但是我们的孩子甚至爱人不吃，或者没有说一些我们所期待的赞美的话，我们就会感到恼火、丢脸。然而那天他可能碰巧不饿，不想为了取悦我们而让自己的肚子受罪！一个成年人可以解释一下，或者为了不让做菜的人难受，等我们转过身去的时候，把剩下的另一半倒进垃圾桶里。但是，想想看，如果我们给孩子一块涂了黄油和果酱的面包片，他却把它扔到楼梯间里，事情会怎样。我就见过一个这样的例子：门房跑来抱怨说在电梯下面发现了面包片，于是母亲就大大发作了一场，因为孩子没有吃掉他的两块涂了黄油和果酱的面包片。他可能不饿，或者只是不想满足母亲。这是母亲的事，既不需要通过精神分析，也不需要通过心理治疗来解决。然而这却成了这个所谓有性格障碍的孩子的"症状"之一！

为什么要继续给他涂面包片，而不是对他说："你已经够大了，一个八岁的孩子完全可以自己涂面包片了。"我不明白为什么母亲必须为他准备面包片，并且必须让他吃。

我的这句话引发的回复是："我丈夫就是这样要求我的！如果一个母亲不注意自己孩子的健康的话，她又能有什么用呢？"对于这个母亲来说，儿子在不饿的情况下吃东西是"好的"，因为这可以让她变得"有点用"。

我还想继续阐述一下这个主题：要满足需要，而并不总是要满足欲望。例如，有一个孩子其实并不需要糖。他要糖只是为了拥有这样的快乐，即有人照顾他，和他说话，并向他显示对他的爱。如果我们对这个孩子说："好的，你要什么样的糖呢？红色的吗？"我们就这样说着话，说上半小时，说说糖的滋味、颜色（红的或者绿的），我们甚至可以画一画糖果。最后，孩子就会忘了他想吃糖。但这是怎样一场围绕着糖果的精彩交谈啊！我们度过了一个何等美好的时刻啊！

就是这样，他跑来向你要个东西，他想要拥有某个东西，他想要谈谈它。大家看看，和孩子一起逛街，一起走过橱窗，这是多么有趣啊。在这种情况下，和孩子交谈，并通过想象互相赠送一些礼物，这是何等的文化洗礼，何等的爱的证明啊！

孩子说："啊，我想要这辆玩具卡车。"妈妈回答道："不，没办法，我没有钱。快走，快走，不要看了。"她不希望孩子受到诱惑，但这就是生活，就是要说出并谈论那些诱惑我们的东西。

"这辆卡车，你觉得它很好吗？"

"嗯，很好。"

"好在哪儿呢？"

"它的轮胎是红的。"

"嗯，是很好，但是虽然是红轮胎，也有可能是不能开的。一辆卡车可不是一幅画，必须能开才行。我们到商店里去，你可以摸摸它。我们今天只能看看，我没有钱买。"

"你有的。你有的。你有的。"

"我没有，就是这样。如果你不愿意的话，我们就不进去看了。"

当孩子发现母亲决定了不买——"不行。但是，我们可以谈谈它"等——时，他就变得平静了。他所需要的是能够传达对卡车的欲望和期待，如果母亲贬低了他的欲望的价值，事情就严重了。应当始终认为孩子的欲望是正当的，始终。"它不能实现，但是你完全有理由去这么想。"

自古以来，就总是有些傻瓜想要水中捞月，但是，如果不是有些傻瓜曾经想要登上月球的话，我们就永远不会登上月球。① 他们中的一些人为此付出了沉重的代价，他们的后代中有时会出一个精神分裂症患者，会出一些知识分子，或者会有一种为社会服务的欲望，就像皮埃尔·德·顾拜旦②那样。

这个男人明白，城里必须有一些体育场，能让上班的人在周日做做体育休闲运动。他想要建一些体育场，让运动员成为"理想自我"。看看那个时期的照片是很有趣的。人们会谈论这些作为孩子的理想自我来让他们得到发展的运动员们。人们因此特别"强调"赛跑，因为在城里，大家都不动弹，不运动。所以说，体育曾是革命性的举动！

但是顾拜旦的家族感到很耻辱，因为人们如此地嘲笑他想把体育变成报纸头条的念头和行为，以至于所有人都不理他。他完全是个疯子！他的孩子们觉得他们的父亲丢人，他的妻子觉得自己的丈夫丢人。"他为这个花钱！"他的一生完全献给了让体育在法国教育中重新获得尊重这一事业，更不要说他为了让奥林匹克运动会重新在欧洲国家举办所付出的激情了。他因

---

① 关于推动人类打破可能的边界，让不可能得以实现的想象潜力和创造欲望这个主题，参见 *Les chemins de l'éducation*（《教育的一些道路》），op. cit.，pp. 353-354 et，以及 *Solitude*（《孤独》），op. cit.，le chapitre "Sciences et techniques de l'homme : éloge de l'imaginaire"（《人类的科学与技术：想象的颂词》），pp. 255-264。

② 皮埃尔·德·顾拜旦（Pierre de Coubertin, 1863—1937），现代奥林匹克运动会的发起者。此外，作为教育方面的改革者，顾拜旦也有很多关于教育的著述。——译者注

此破产，同时又获得了很糟糕的评价。

一个人如果受到一个没有获得社会共识，但却有益于社会的欲望的推动的话，是要付出沉重代价的。有一些像这样的人，他们受到一个为其他人服务的欲望的推动，而不是以一种脐带般的方式满足自身的欲望。这不是一种自慰式的快乐。然而，我们会嘲笑他们的想法，有时会审判他们（伽利略），但他们看得很远，是真正为了其他人……

欲望和需要有别：前者可以谈论，并且可以用想象的方式来满足。为了生存，为了健康或者身体，需要是必须的。我指的不仅是提供什么的需要：吃是获取的需要；同样还有排出的需要，即排出尿液和粪便；或者通过洗漱来清除污垢的需要。孩子们非常明白这一点，就算我们不强迫他们洗漱，他们也会始终保持干净卫生，只要在他们小的时候，我们给他们做一些表率。有些孩子有点害怕冷水，但是，一旦他们看到身边的大人身体干净、怡然自得的样子，他们也就会想要这样，因为对孩子而言，这很正常：所有那些在自己看来满意的，让他变得像周围那些他看起来很惬意的人一样惬意的事情，他都会乐意去做。然而，如果"过来，张开嘴，把脸（手）伸过来"，或者像你们看到的那些舔去她们孩子脸上污痕的母亲那样，那就太可怕了。这些人多么不让人安生啊，他们甚至会去挤邻居脸上的粉刺！

这就是始于童年期的神经症。孩子不被允许玩耍，不被允许把自己弄脏。如果脏了，好吧，晚上回家洗洗就好了，没必要每次都叫喊道："啊，你怎么搞的！头发弄得这么乱！"等等。这太可怕了，就好像外表代表着一个人一样！孩子生命的活力，他活着和交流的快乐，以及我们赋予此的价值，这些才是最重要的，而不是外表。

否则，母亲的欲望就是想拥有一个像"玩具娃娃"一样的孩子。这个孩子始终是完美的，像是刚从包装盒里拆封一样，但始终没有活力。对于孩子来说，满足母亲这样的欲望，是有负罪感的。应当让我们的孩子学会有勇气给母亲"断奶"，不去因为这样一些毫无精神价值的东西而满足父母的欲望。

我给你们举个例子吧。

你们都听说过我们接待小孩子的"绿房子"①。现在，我们明白了，我们完全不再告诉母亲不要把她们的孩子抱到自己床上去睡了。那些有天赋和早熟的孩子，是在十四个月大的时候想到父母的床上去睡的，那些不那么早熟的孩子，则是在十八个月大的时候。他们渴望在睡眠中回到胎儿的状态，待在爸爸妈妈中间，不去体验作为一个将要成为女孩或男孩，希望被另一个个体所补全的个体的孤独。自己独自一人，爸爸妈妈都不在身旁（他们躺在一起），这怎么睡得着呢……我为什么不过去睡呢？

---

① 同样可参见本书（法文版——译者注）第126页以后。绿房子这个接待孩子，让孩子社会化的场所，是在弗朗索瓦兹·多尔多的倡议下于1979年开办的，位于巴黎第十五区。具体可参见 *La cause des enfants*（《儿童的利益》），op. cit.，ⅠⅤ°，Chap. 4，"Nous irons à la Maison Verte"（《我们去绿房子》）。

对于那些抱怨说没有把孩子抱到自己床上的父母，我们不再告诉他们不要这么做了。我们转而对孩子说："听着，你要持续到什么时候呢？你总是想让你妈妈相信，你可以一直做她的小宝宝，然而，她渴望的也许是再生一个。但是他们没有足够的钱，你父亲不同意和她再生一个。"那么，孩子就会开始思考。母亲说："你觉得他能理解吗？"

"当然能。他感到你需要一个宝宝，因此他就试着通过同时扮演成人和宝宝来满足你。"

事实上，对于一些女人来说，对于孩子的需要是一个巨大的无意识痛苦。它有时是意识层面的，但更经常的是无意识层面的。她们的身体需要孩子，有时她们也有孩子的欲望。因此，当孩子十四个月、十五个月、十八个月大时，如果没有采取避孕措施的话，她们会很自然地再次怀孕，但是现实的困难阻碍了这一欲望或需要。

在过去，婴幼儿的死亡率很高，八个孩子里只有三个或者四个孩子能活下来，有时甚至更少。许多父母说："如果我母亲没有失去五个孩子的话，我们家总共是六个孩子，我是唯一活下来的那个。"在乡村，即使在城里，在 20 世纪初，甚至直到 20 世纪 30 年代，婴幼儿死亡率都很高。卫生育儿的观念出现以来，疫苗和抗生素开始使用以来，婴幼儿的死亡率才大幅度下降，尤其是新生儿死亡率。生产曾让许多妇女死去，现在很少有产妇死于分娩了。她们也不再那么感到害怕了。她们的身体不再那么害怕，她们本人也同样如此。如果条件允许的话，许多女人本来会有更多孩子，孩子能感觉到这一点。这些女人需要孩子，也同样需要丈夫。

孩子还不知道自己是谁，不知道自己是女孩还是男孩，就在将要知道这一点的时候，他们想回到父母的床上，以便忘记这件事，来否认我们称之为原初阉割①的东西。后者是说，我们只能有一个性别，我们不能成为像爸爸一样的女儿，或是像妈妈一样的儿子，而必须朝着认同身体外形和同一生殖器性别的成年人的方向前进。

身体的外形是非常重要的，因为你们知道，在一些综合征中，一个人的身体外形是女性，但却没有卵巢，只有睾丸。因此，是身体外形让人格有了结构。从生物学的角度来说，这是一些罕见的综合征，是身体外形让孩子按照成人的意象（image）来建构自身。在他的价值判断中，后者和自己有着类似的身体外形。孩子想要认同成年人，因为成年人代表了他长大后的样子。他模仿的不是成年人，而是按照这个榜样来追逐自己最终的形象。幸运的是，他在一生中会不断改变榜样，但是在

---

　　① 这是弗朗索瓦兹·多尔多锻造的一个独特的概念，它对应于这样一个必要性，即在时机成熟的时候，孩子有必要知道自己只能有一个性别，而不具备另一个性别的品质和特征。对于这一概念的阐释，可以追溯到弗朗索瓦兹·多尔多1939年的博士论文［*Psyanalyse et Pédiatrie*（《精神分析与儿科学》），Le Seuil，1971］。她同样在《多米尼克个案》一书的附录（en appendice au *Cas Dominique*，*op. cit.*，pp. 232-236）中处理了它，而且她还以一种引申的方式，在《身体无意识意象》（*L'Image inconsciente du corp*，*op. cit.*，pp. 159, 161 et 164-185）中回到了这一主题。

最开始时，这些榜样就是他的父母。

那么，对孩子关于欲望问题的回答，就是告诉他："不，你不能实现这个对于你父母的成人欲望，因为你母亲有她自己的丈夫，你父亲有他自己的妻子。"

"但是，我想成为他的妻子。"

"不行，因为你只能当他的女儿。"

"好吧，那么我希望她是我的妻子，就像她就是你的妻子一样。"

"不行，两个女人即使相爱，也不能结婚①（如果孩子是一个女儿的话）。你不能这样，因为她是你的母亲，是我的妻子。"

"为什么？为什么你就可以和她在一起呢？"

"因为我没有和自己的母亲结婚。"父亲应该这样说。

孩子完全糊涂了，因为父亲常常在家里喊自己的妻子"妈妈"，母亲则喊自己的丈夫"爸爸"。"为什么我没有权利和爸爸一起睡，而你却有呢？"

确实应当向这些无辜而不幸的孩子做些澄清。他们一出生，我们就该向他们说"你妈妈，你爸爸"。而通常我们向他说的是"把这个拿给妈妈"，而不是"把这个拿给你爸爸（你妈妈）"，就像爸爸是家里的大孩子一样。语言是欺骗性的，至少

---

① 此书出版于 1987 年，而目前在法国，就像在世界上一些国家一样，同性婚姻已经是合法的了。——译者注

我们应当解释道:"嗯,这是一种说话的方式,但是她是你的妈妈,不是我的妈妈。我的妈妈是你的奶奶,我可没和你奶奶结婚。"

原来如此!这样,我们一下子就向孩子揭示了文化上的乱伦禁忌。

阉割是通过对表示亲属关系的词汇的准确表达进行的。同样,在幼儿园和小学中,这些词汇也应当被清楚地解释,即对于每个人来说,亲属关系中每个位置的义务和权利意味着什么。

因此,我们要像这样对一个小女孩说:"你要到什么时候才不会想让你妈妈相信,你可以假装是她的小宝宝,同时假装也是她的丈夫呢?你是个女孩,你永远不能成为妈妈的丈夫。"

如果她说:"但是我是为了爸爸,才想到他们床上睡的。"

"你永远也不会是你爸爸的妻子。"

"不对,不对,不对,我长大了要做爸爸的妻子。"

一岁半的孩子会坚持这么说。

"是吗?那么,我们来说说看,你妈妈对此会说些什么呢?"

"啊,我啊,我觉得这很好玩,很可爱,我小的时候也想和自己父亲结婚。"听到我们的对话,母亲这样回答道。

那就蠢下去,继续把孩子带到你们床上睡吧,直到他让你们感到不舒服。这既不好,也不坏,这只会让三个人都发育迟缓。

接下来，我们能看到一些母亲回来说："啊，你知道，我不知道你对她说了什么(那是当着母亲的面说的，但她甚至都记不得了。此外，她觉得这很好笑，我们居然对她的孩子说话，但是又是她在抱怨孩子每天晚上都在打扰他们)，现在，即使我丈夫起得很早去上班，她也不到我们的床上来了。要是能抱一抱她就好了，但是没有办法了。"

当我们告诉孩子某个他自己的欲望——他的那个被打上一个让他得以成长的禁止的欲望——方向上的东西时，孩子始终能够感觉得到。这些禁止能让他的欲望变得有序，让这一欲望走得很远，而不是寻求立即的满足："给我买点东西。给我一颗糖。把我抱到你床上去睡。"等等。

真正的满足就是谈论这一欲望，并等到在某个特别的日子，比如在圣诞节或者生日时实现这个愿望。我们能够像这样告诉一个大孩子。

"啊，还要等好长时间呢……"

"嗯，就是，我们一起去看看日历。你看，首先是圣安德鲁日、圣阿塞门日、圣巴纳贝日。"我们开始谈所有这些圣徒，就忘了还要好长一段时间才能拥有这辆玩具卡车，或者得到一个像对宝宝那样的爱抚。

应当和孩子做的，是进入关于他的欲望的交流中，利用这个机会，打开一个话语的、表象的、语言和词汇的世界，一个会有快乐的世界。一旦拿到糖，他就不再说话了，我们就自以为天下太平了。此外，我们每个人小的时候都有这样的经验：

当有个非常讨厌的阿姨来家里看爸爸妈妈的时候，如果运气好，家里刚好有奶油太妃糖的话，我们就会拿些给她，因为我们知道，这样她就会闭嘴。在孩子不停问问题，不断提要求的时候，父母就会这么做。小宝宝的橡皮奶嘴和孩子的糖果，是为了让他不说话，不观察，让他专注于自己的消化道，就是这样。我们就像这样把欲望放到了需要的层面上，然后满足它。因为不满足它的话，我们会感到焦虑。结果是这个孩子被迫以一种离奇的方式，没有语言地来寻求越来越多的欲望满足，而不是进入文化，通过语言、表象或者制造出一些我们没有的东西来满足欲望。

你们看，当一个孩子想要一个自己没有的玩具时，他就随便用什么东西来代替。不管什么东西，那都是他的飞机，而如果我们真的给他一个飞机玩具的话，玩具很快就会被摔坏，他就不再创造什么了，必须得再给他买一个。

创造性、发明性，这就是欲望。这并不是通过物品自身获得的满足，而是欲望在语言、表象和发明创造中的文化演变过程。

你们可以发现，相反，我是支持舞蹈的，如果它适合一个孩子的话。音乐也是一样，如果孩子自己感到高兴的话。如果仅仅是母亲希望孩子唱歌跳舞，那就是另一回事了。因为通常一个母亲，或者一个父亲，想要给孩子他们自己曾经想拥有但是没有得到的东西。如果我们有机会让孩子了解这种快乐，孩子也钟情这一文化领域的话，那当然很好。但是，如果我们发现这对他来说是件苦差事，那就千万不要继续了，让成年人自己去做好了！投身于一门艺术永远不会太晚——也许古典芭蕾除外，至少对于身体的艺术表达方式来说是这样的。

我认识一个女人，她在四十八岁的时候开始弹钢琴。她弹得很好，现在完全是为了消遣。有一天在和我谈到为了让儿子学钢琴，她曾经流了多少泪，用了多少惩罚以后，她自己开始学琴。原来，想弹钢琴的是她！

她来找我做咨询，我对她说："你之所以想要让你的儿子学钢琴，也许是因为你自己曾经想学。"

"啊，是啊，我感到非常遗憾！"

"你现在去学也不晚啊。不要再纠缠你的儿子，让他来满足你的欲望了！"她开始反思。结果弹琴给她带来了极大的乐趣。很有意思的是，这个孩子——现在是个小伙子了——也开始喜欢音乐了，并且成了音乐学家。他母亲则大器晚成，成了钢琴师。此外，她很用功。这是她四十八岁以后发现的乐趣，此前她从未碰过钢琴，只是希望儿子学钢琴。

舞蹈同样如此：人们也许想让孩子满足自己被抑制了的欲望。为什么不呢？但是千万不要坚持（让孩子这么做）。

**问题：您可以重新回来说说有些孩子由于受孕几个月后才被发现，可能会表现出心不在焉或无动于衷这个观点吗？这就是我的大女儿的情况。**

　　弗朗索瓦兹·多尔多：我希望提问的这个人不会拒绝回答我想了解的细节：这个孩子是否已经受到我前面谈到的这些时刻的影响？她是时不时地逃避到不交流的状态中，还是说她完全没有受到这些东西的影响？你是否担心她有一天会出现这样的问题，或者她已经出现这样的问题了？

　　**回答：原则上讲，没有。**

弗朗索瓦兹·多尔多：如果她没有表现出任何障碍的话，请不用担心那些将来可能发生的事情。如果有一天你发现她像这样的话，你可以对她说："啊，也许你在把自己藏起来，不让任何人看见，就像你还是个小胎儿的时候那样，但是我并不怀疑你就在那儿。"你可以用这样一种方式来说，但是在孩子出现一些障碍，让你觉得她胎儿期的经历可能是她撤回到自己的原因之前，不要说。她撤回去是需要避开别人对她的了解，让别人不知道她在想什么，不知道她是谁。

问题：您可以重新解释下这句话吗？——"孩子不知道自己是个孩子，他不自知。"这对孩子未来的发展有消极影响吗？

弗朗索瓦兹·多尔多：没有。每个人都这样。这并不消极，相反，这非常积极。那个想要诞生的主体处在一个被打上了时间印记的发育的身体中。但是主体自身并不在时间里，语言也不在时间里。证据就是，通过那些关于他的文字记载，苏格拉底今天仍然栩栩如生。他带来的东西并没有消失，并且今天仍然在阅读柏拉图著作的人身上结出累累硕果。我说苏格拉底，只是把他当作一个例子，他代表了所有那些尽管已经死了成百上千年，但给人类带来了一些东西，并继续带来一些东西的人。

现在依然如此，当我们在考古中遇到那些美轮美奂的东西时，仍然会被它们的美所打动。是一个创造者，一个千百年前和我们一样的人，通过这种塑形的语言，通过这一触动和影响我们的艺术语言，带来了他的见证，让我们孕育出一些同样能留给后世的美的东西。

比如说，像伊特鲁里亚艺术展这样的展览就会影响到一些艺术家。参观展览的孩子会无意识地受到影响，多年后，当他们自己创作的时候，会创造出一些受伊特鲁里亚文化影响的艺术作品。所有这些有生命力的，在语言中保持鲜活的东西，始终将会是有生命力的，因为这是主体的语言，而不是一个有着身躯的个体的语言。的确，它是通过某个人，在他作为人类存在的某个时刻，以他的身体为媒介实现的，但是通过作品这一微妙的中介，创造的主体始终是当下的。所有的艺术作品都是爱和欲望的语言。

艺术家使用的是泥土、金属、布料、宝石等材料，但打动我们的并不是这些。从可触性和感官上讲，艺术作品就在那里，让我们感动的却是一些只能去谈论但又说不清楚的很美的东西。这就是独一无二的艺术品的创造。它是不能复制的，但从心理上，从艺术性上，它能为作者同时代的人或作者的时代逝去很久以后的某个人带来灵感，并且孕育出一些新的东西。这就是艺术作品。

　　所以，我们很难知道哪件艺术作品会流芳后世，因为有些艺术作品在我们活着的时候很重要，但是之后将会完全过时。对我们而言，这是一种引起我们共鸣的语言，但它既缺乏精神深度，也没有真正的美感，并没有承载多少讯息，更不用说永恒了。它不能穿越众多世纪，触动到某个人，"和另一个人相遇"。这就是象征性。这就是我所期待的美的狂喜的火花。在体验到它的人那里，这是鲜活的快乐的源泉。

　　你们知道某些使命是怎么来的。最初——并不是说它不会变——是因为看了某部电影，听了某场讲座，或者参观了某个展览。我认识一些人，在一个敏感的时期，在九岁、十一岁或者十二岁的时候，获得了关于自己使命的启示。有个十二岁的小女孩就是这样，她在学校的组织下去听了场关于墨西哥的讲座。（我们不知道她为什么去，也许她觉得讲座是关于一些"墨西哥硬汉"的！）墨西哥？棒极了！这个之前在学校无精打采的孩子一下子全变了。为了能够学人种学，学习变成一件很美妙的事情。这个我认识的人，先学了人种学，后来学了社会学，后来又学了其他东西，而正是这种热情唤醒了她学习的欲望。她和其他孩子一起听人种学家用图像、影片来讲述自己在墨西哥的旅行经历，这是来自某个人的关于人类博爱的讯息。它揭示了生命的意义！

这就是欲望，它通过努力工作的方式来获得满足。也正是受到欲望满足的吸引，我们开始努力工作。但这并不是一个身体与身体之间的欲望，就像是在"为了你自己，满足你自己，这就够了"这一意义上一样。不，它打开了一片视野，必须通过工作这一长程回路①来满足这一欲望。这就是我们作为教育工作者的角色：要去满足需要，否则我们就活不下去。但是要去谈论欲望，来让主体为他自己，而不是为我们，为父母或老师，去寻找满足欲望的方式。他之所以觉得要这么做，是因为他看到了某人在工作中流露出的找到生命意义的快乐。

这就是我的解释。它一点也不消极。我们可以说：要么这些东西打动不了孩子，要么它们带来"顿悟"。当它们带来"顿悟"时，我们可以和孩子谈谈，看看他会告诉我们什么。他提出一个问题，但不想知道答案？不要坚持，等他下一次再提出

---

① 在这里，"长程回路"必须应该被放在（欲望的、力比多的、冲动的）短程回路/长程回路这一对主题中来理解，从一个到另一个回路的转换——从短程回路转到长程回路——对应于象征性，尤其是（象征性）阉割的实现。就像这样，"人类特有的象征性功能，允许我们用一个长程回路来取代一个感官的、及时的、欲望短程回路，前者让冲动通过一些中介延迟最初目的的达成，以便发现一种新的快乐"。参见 *Au jeu du désir*（《欲望的游戏》），op. cit.，pp. 286。

问题。

例如，孩子需要知道自己有个父亲，即使他的母亲单身。这是一种绝对的需要。否则，在象征性的层面上，孩子就会以一种半身不遂的方式长大，会产生一些不好的后果。如果这一后果没有在他的一生中出现，就会在他的后代身上表现出来。这是精神分析的一个发现。向一个孩子解释说，和所有人一样，他有一个孕育者，有个"亲生父亲"，但他没有见过他，没什么比这更简单了。告诉他，他现在没有爸爸，或者曾经有过，但却不是他的亲生父亲。没什么比这更简单了。一周以后，你就会看到这个孩子与告诉他真相的母亲关系的转变。这就是真相。

他问母亲："那么，你见过他？"

"当然，我当然见过他。"

"那为什么你不再见他了？"

"因为我们合不来。"

"你后悔吗（潜台词：后悔遇到他吗）？"

如果母亲说"后悔"，这就糟了。这意味着孩子没有权利诞生。但如果她告诉孩子"不，我不后悔，因为有了你，而且我爱你"，那就不一样了。否则，母亲身边的一个人，一个熟人能这样来帮母亲："你妈妈告诉你说她很后悔，但这不是真的，因为她爱你。如果没遇到你父亲的话——即使她后来不想再见他，她就不会有你。不要难过了，你妈妈告诉你的并不是真的……"那么，你们就会看到孩子变了，他获得了拥有父亲的权利，并且把自己放到因性的交欢而产生的生命循环中。孩子们很明白："你知道，那些妈妈们啊，让她们去说好了。现在我知道了，她想说什么就说什么吧。"

之后，他们就有了安全感，因为某人给他们说出了他们的母亲向他们隐藏的，或者由于性格上的原因所歪曲的真相："啊，那是一个混蛋，我不希望他认识他的父亲，他把我们俩都抛弃了。"当我们在探讨这个问题的时候，她当然有理由认为，就像她说的那样，是这个男人"抛弃"了他们俩。但是，她很高兴怀了孩子，并把他留了下来。如果她并不高兴有了孩子，而父亲原本可以把孩子带走的话，为什么她要把孩子留在自己身边呢？这很重要，因为她可以告诉孩子："有一天，你想重新找到你父亲的话，这当然并非不可能。但是我，我是不会帮你的。当他为了另一个女人离开我的时候，我太痛苦了。至于你，你完全可以自己想办法去找他。这是你的事。"

这样，你就会看到孩子有了起色，因为他们的欲望并没有受到驳斥，而被当作正当的："我不会帮你，但我也不反对，你自己去想办法。我甚至可以告诉你我有的他最后的地址，或者我遇到他的那个村庄，也就是你奶奶的村庄的地址。"等等。

要帮助孩子满足其需要，至于欲望，不要帮他满足，而要赋予其自主性。不是去满足这些欲望，而是和他谈论这些始终合理的欲望，即使我们不想帮他，或者没办法给他他想要的东西。如果他想要一辆自行车，或者一辆小摩托车，但我们没钱给他买，或者由于担心而不想给他买（出于年龄或者法律是否允许的原因），我们可以告诉他："我非常担心你会出事故，我不能给你买小摩托。现在，依据法律，你有权骑摩托车了。你自己去想办法，用合法的手段弄点钱，我没权反对你。"就是如此。

正是要这样支持孩子去独立自主（我说的是大孩子）：满足他的需要，但不是满足他所有的欲望，因为父母同样有权，甚至有义务表达他们自己的欲望。

问题：如果母亲或者家里一个很亲近的人自杀了，我们该对孩子说些什么呢？

弗朗索瓦兹·多尔多：应该立刻在大家都知道这件事并感到震惊的同时告诉他真相。否则的话，你就只是把孩子当作家里养的宠物，并不给他讲家里发生了什么事。应该告诉他："他（她）死了。"

　　"怎么死的？"

　　"我们把这个叫作自杀。"

　　"啊，自杀是什么意思？"

　　"嗯，我感到很难过，我没法给你讲，问问别人吧，或者查查字典。"

　　讲真相，然后是："为什么他（她）让自己死了？"

　　我们要谈谈这样一场悲剧。这是不分年龄的。我们可以给生下来一周大、半个月大的孩子讲。这一不幸必须要说出来，就像那些有责任感的父母所认为的那样。这样做，我们能更好地帮助孩子。此外，还可以这样说："给你讲这些让我觉得太痛苦了，你找其他人说说吧。你完全有理由去寻找（真相），但是对我来说，这让我太痛苦了，我没法谈这个。"但是要认为孩子的欲望是正当的，并给他提供在其他地方获得启示的可能性，而不是将它遮掩起来。自杀这件事没有什么好遮掩的，这是一件不幸的事。我看不出为什么要遮遮掩掩。

　　对他们说些什么呢？说我们能说的，这就够了。我们不禁要问，为什么大家都犹犹豫豫呢？

　　我以前经常见到一些孩子从某个时候起在学业上就变得停滞不前，当我们和父母一道，在见孩子之前的一些重要的准备性谈话过程中，追溯到孩子情感紊乱的开端时，总会听到："啊，那是在奶奶（或外婆）去世的那个假期里，我们没有把这件事告诉孩子。你知道，我们不想糟蹋他的假期。"父母回到家，带着如此悲伤的表情，却什么也没给孩子讲！而这个孩子每周都会去看祖母，每个星期天！他（度完假）一回巴黎就说："我们去奶奶家吧。"

"哦，不，奶奶在医院。"

"是吗？"

然后，她一直住院。圣诞节快到了，他说："我们请奶奶一起来过节吧。"

"不，不，她太累了。"

或者："她出门旅行去了。"

"但是，我可以给她打电话吗？"

"不，不，你会打扰到她的。"

就像这样一直拖延，（在父母和孩子之间）慢慢就出现一个鸿沟，孩子变得抑郁起来。

我有多少次见过这样的情形啊！而且不仅仅是家里祖母过世或类似的重大事件。有时，一个小伙伴死了，家人不想告诉他，就说："他不会回到班上了，他转学了。"事实是，那个孩子——他最好的朋友——在假期里出事了。你们会看到，孩子慢慢失去活力，因为他找不到词语来说出自己的悲伤。在他们身上，有些很强烈的东西失去了活力。因此，应该马上告诉他们真相。

在一个家庭里，即使是自杀也可能是非常正面的。自杀并不一定是负面的。我们并不了解。我们不知道对于死者而言这意味着什么。我们不知道，这是不是他为了拯救孩子而做出的一种英勇行为，或者是父亲、母亲因为想说的话没有被人听到而采取的行为。我们可以对此感到遗憾，但是不应该对孩子隐瞒。

孩子也应该参加哀悼仪式，即使他还很小，只能被抱在怀里。要让他参与家中的一些情感事件。对这些事件的记忆痕迹将留在他的视知觉中（或者不是有意识地，而是无意识地），这样一来，他就作为一个人和家庭连在了一起。因为主体是没有年龄的，一生下来就和二十岁的人一样是个成人。主体没有年龄。正是出于这个原因，孩子不知道自己是孩子，因为他是欲望者（désirant），而欲望者不知道自己的年纪。此外，大家都知道，当我们想要做一些事情的时候，人们会这样对我们说："你都这把年纪了！"因此，这就不是我们的年纪要干的事了？我们才不管呢！

对于孩子而言，这也一样：他有着其欲望的年龄，我们并不始终知道他的欲望是什么。他可以表达这一欲望，如果在社会的意义上这一欲望可以实现的话，我们可以这样对他讲："你可以努力工作去实现它。我并不反对，不过也不会帮你，因为这不是我的主意。但是你是有道理的，为什么不呢？继续。"

这才是重要的。

**问题：在孩子们的一些生活场所(幼儿园、托儿所或保姆家)中，成人的欲望的位置在哪里？**

　　弗朗索瓦兹·多尔多：这取决于每个成年人。我不知道。

　　**问题：它可以存在吗？**

　　弗朗索瓦兹·多尔多：如果成年人没有欲望地活着，那他就是个活死人。

　　**问题：孩子能免于受到这一欲望的侵害吗？**

弗朗索瓦兹·多尔多：也许你想说的是成人对于孩子的性的欲望，是吗？

事实上，当我们和孩子们一起工作，在其中找到自己的小窑子，这是一个糟糕的迹象。应该去从事其他的工作，因为这会影响孩子的未来，会毒害他们的命运。

在这些生活场所中，是有过这样的事的：事实上，孩子非常善于激起成人的欲望，他们想的、做的只有这个。但是一个想要利用孩子来满足这一欲望的成人应该很清楚，这不应该发生在他的工作中。这是一个职业过错，希望他尽量和这个不合法的欲望周旋。他应该到可以实现欲望的地方去，但不是在他的工作中，用父母托付给他照看的这些孩子来实现这一欲望。这些孩子被托付给他，是为了从现在开始，让他们按照自己的欲望，成为吻合他们年龄的孩子，并为长大成人做好准备。但从性的欲望和生殖的意义上讲，孩子并没有成熟。这是在滥用权力，因为孩子很难躲开，这是一件非常令人遗憾的事情。

我知道，这并不总是灾难性的。我见过一些年轻人——他们年纪比较大——因为被一些（男的或女的）同性恋者拯救而没有走上犯罪道路，后者非常具有父性或母性，支持了这些年轻人的发展。这是一些相对来说被抛弃，但是从生理上讲已经成熟了的年轻人。在不同于我们时代的另一个时代里，他们也许有权发生性关系。在适婚年龄以后，这就完全是另一回事了。但是对于孩子而言，如果父母或者成年教育者们对他们有欲望，并牺牲他们，通过性享乐的方式来满足这些欲望的话，那就完全是有害的。例如，为了寻开心打孩子屁股，或者声称为了他们好而扇他们两耳光，这都是一回事，这都是性的层面的。这种以此为乐不是生殖层面的，是性的层面的。同样，成人在工作中应当绝对避免一些导致性或者生殖情感的爱抚，否则，他们就应该换个工作。我假设这就是你的问题。

问题：一个成人怎样才能既在一个这样的生活场所中工作，同时又避免表达这个欲望呢？

弗朗索瓦兹·多尔多：希望孩子成为很好的人的欲望，是成人升华了的生殖—性欲望。成人教育者的欲望就是帮助孩子摆脱那些阻碍着他活着的束缚。这就是教育者的欲望，但这并不是身体与身体意义上的生殖—性欲望，或者想要有身体享乐，想要有皮肤上的满足，想要整天亲吻孩子的欲望。不。当我们教育孩子时，并不是要身体对身体。如果孩子除了亲吻作为他的教育者的那个人之外，不能做点别的什么的话，后者应该回应道："嗯，我很喜欢你。"但是，不要反过来吻孩子。

对身体的满足保持警惕，这是非常重要的。为了让行动成为有教育意义的，所有一切都要通过话语说出来。剩下的，不过是一时的软弱罢了。由于退行，我们会亲亲孩子，孩子也反过来亲亲我们，于是我们就说："啊，我们多么相爱啊！"好吧，这也可以，但不应该一直这么做，否则孩子将会退行。他很明白怎么玩些把戏让自己得宠，找些借口不去做那些他应该做的事，那些让他得以不断发展，得以决定自己的生活并且拥有主动性而不可避免的任务。他来某个人这里寻求庇护，后者应该通过话语，帮助他重新找到他自己的快乐。不是为了讨好教育者，而是要让自己——让自己这个有着个人历史和过去的孩子——开心。

例如，对于一个成功地做到某件事的孩子，我们可以问他："你希望谁为你的成功感到自豪呢？"

"这是为了你，是为了你啊。"

"不，不是为了我。我是大家的老师。如果你是想要讨我开心的话，我的孩子啊，你会浪费自己的生命。因为，我什么也不能为你做。你应该试着让除了我之外的其他人开心。教师是我的职业，我是拿了工资做这个的，我不需要获得开心。你应该去让其他人开心。"

就是像这样，一位（幼儿园和小学）老师可以帮到那个总想讨她开心，想做她的孩子的学生。我们作为老师，要通过话语告诉孩子："这可能会让你妈妈开心。"

"哦，我妈妈，她才无所谓呢。"

"那就找一个像你说的那样，对这并不无所谓的女人，但不要找我。"

同时，她很开心地笑着，开玩笑似的和孩子说："你很清楚，我们不会结婚的，我们俩！不要讨我开心啦。我是有老公（男朋友）的，你不认识他。"

"啊，他人怎么样？"

"他人很好。"

女孩子们会说："啊，她有个很好的老公！"因此，你就平息了某个女孩子身上刚刚燃起的同性恋火苗。她会说："该死的，我不可能成为她的意中人了，因为她已经有个比我更好的人了。"

就像这样，我们可以帮到孩子：我们表现出对他们欲望的认可，并不嘲笑它，在认为它是正当的同时避开它，但要给出理由。理由是"我们没有钱，没法买这件玩具"，"没必要，因为家里玩具已经够多了"，等等。或者，我们可以说："因为我要对家里的收支平衡负责。"但是应该把这个我们不去满足的欲望当作正当的，应该谈一谈它。

问题：仅仅通过话语，父母是不是可以划定一些孩子不能进入的私密场所？

弗朗索瓦兹·多尔多：我不知道这个人想说的是什么，应该稍微具体一点。是说父母的卧室应该神圣不可侵犯吗？这很困难。对于孩子来说，父母的卧室是这样的地方：只要父母一转身，孩子就想跳到他们的床上去。

私密场所是一些没人能够侵犯的地方，是他们彼此之间的心意，但这不是一些能够被表达出来的东西。我们对一个人的爱，是不能在光天化日之下表达的。这是一个永远没人能够侵犯的私密场所。它如此私密，以至于表面上看不出来。这是一个真的东西。我不知道私密场所是指哪里，放避孕套的床头柜抽屉吗？放心好了，孩子早就发现它们了。而且他会问："这是什么？"

"听着，说这个让我觉得有点不自在。等你再大一点，我再向你解释。"

"啊，这应该是用来保护手指的吧！哈！"

孩子非常高兴，因为这不是一个秘密。然后，到了解释的那一天：父亲决定启蒙儿子，让他认识到在性关系中男人的责任是什么。"是吗？这真了不起，但是当个大人可不太舒服啊，每次他们想要相爱，就必须避免生个小宝宝，这可不好玩。"等等。

因此，我不太明白你这里说的私密场所是什么。孩子能猜到一切。他们可以很好地保守秘密。只要告诉他们这是个秘密就可以了。一位女士有一个情人，孩子碰巧看见了。完全没必要给他说些花言巧语。他察觉到母亲和另一个人的情绪，就会提一些问题。"你看到了，我生活中还有另一个人，他不是你的爸爸。我希望你不要告诉爸爸。我不知道最终会有什么结果。如果我完全确定的话，我可能已经和你爸爸分开了。"等等。

一位女士跑来对我说："我的孩子看到我们在一起，我该怎么办？他会怎么做？"

"我们看看啊。如果你丈夫知道的话，最糟糕的情形会怎样呢？这也许会帮你离婚。"

或者，孩子会保守这个秘密。他可能会认真地想一想，并对自己说："瞧，我妈妈的生活里不是只有我一个人（因为他知道父母处得不好，他们在一起只是为了装点一下门面，并不相爱），这也是生命的一部分！"孩子理解了这一点，从此以后应该把孩子考虑在内：向他解释冲突，而不是隐瞒他所发现的真相。相反，我们应该来谈谈这一真相。

那些不能表达的东西是永远不能表达的。那些真正私密的东西，是一些被如此深刻地体验过，以至于我们无法谈论的东西。如果孩子有一天猜到并讲了出来，我们可以告诉他："你很机灵，你猜到了。"从我们接受自己的行为及其自相矛盾的时候起，我看不出有什么掩盖的必要。作为成人，我们就是这样，并不完美。

问题：童年时听的话语会决定人的一生吗？您能举些例子吗？

弗朗索瓦兹·多尔多：嗯，我曾经给你们讲过墨西哥人的故事。同样的还有茨冈人培养下一代音乐家的故事。

我是在走滨海圣玛丽朝圣之路①时，在一个认识茨冈人的女性朋友家里听到这个故事的。这个故事很有趣，我们聊了很久。她告诉我，在茨冈人的部族、团体、氏族里——我不知道应该怎么称呼，当会弹奏某种乐器的优秀音乐家觉得自己老了，大家就会说："最好找个孩子来继承这种乐器。"然后，在部族里某个孕妇分娩前的六个星期里，这位优秀的老音乐家每天都会为胎儿弹奏音乐。每天都弹，一直弹到孩子出生之后的几个星期。他每天来给宝宝弹自己最拿手的曲子。这样，可以肯定的是，这个孩子将会在成长过程中拿起这种乐器。他们一直是这样培养接班人的：在孩子出生前后的一段时间里弹奏音乐给他听。等孩子到了想要表达自己的年龄，他弹奏的将会是这种乐器。这个故事很美。你们看：音乐超越了话语。它是语言的能指讯息。

可以确定的是，孩子小的时候听到带着爱被赋予的语言——因为这是被赋予爱意的东西——将让他更顺利地走向未来。但在此刻和未来的成就之间，有一段潜伏的时期。这确实就像地里的种子一样，直到发芽前，我们什么也看不到。并且这不是直接的，类似于"做做这个，让我开开心……赶紧，做

---

① 滨海圣玛丽朝圣之路，也叫茨冈人朝圣之路，每年5月24日、25日进行，会有来自全欧洲的茨冈人来此地朝圣。现在它既是一个宗教活动，也是一个文化旅游活动。——译者注

音阶练习!"不，完全不是这样。欲望是从内心涌现出来的，它不可避免地要向外表达。我们要努力支持的就是这个，要认为它是合理的，并尽可能地提供一些帮助。这有可能很难实现，但是："如果你真的想做到的话，你会有勇气，会去做，会实现它。"

这就是我们作为教育者的工作。

一位与会者：从一年前开始，一群不同领域的专业人士，包括儿科医生、心理咨询师、精神科医生、护士、托儿所阿姨，以及几个助产士和小学教师聚在一起，围绕各自的工作实践进行交流，因为都觉得需要扩大视野来思考。一些工作小组慢慢发展起来，比如有小组开始思考父母的角色问题，并考虑在他们所在的城市建立一个和父母交流的场所。

其他小组则沿着另一些方向进行反思。如果在座哪位有兴趣参与的话，非常欢迎。

弗朗索瓦兹·多尔多：如果大家对今天的内容感兴趣，能彼此交流，这无疑是很好的。就像你今天上午告诉我的那样，这是在以婴儿为主题的戛纳大会①后开展起来的。这确实能让很多人一起工作。找到一些词来提出问题，这本身就能带来一些启发，而且其他人也会给你们带来一些启发。

---

　　①　这里指的是 1983 年 3 月 29 日到 4 月 1 日在法国戛纳召开的第二届世界婴儿精神病学大会，会议主题是"变化的世界中的婴儿"。

提问者回复：我们想要让这个父母机构变成一个对孩子而言充满生机的地方。孩子可以在父母、祖父母、保姆以及其他每天照料孩子的人的陪伴下来到这里。这也是一个专业人士聚会的地方，它尽可能对所有人开放。也就是说，小学教师、心理咨询师、精神分析家、精神病医生、社会工作者、托儿所阿姨、助产士等专业人士都可以参与。

　　如果我们想要创建一个父母机构的话，就必须先组建一个有兴趣创建这个机构的团队。

　　这个团队已经开始组建了。我们的问题是，团队中男性很少，但团队只有在男女混合的情况下才能起作用。当然，我们欢迎对此有兴趣的女性参加，但是我在这里特别呼吁男性的加入。

　　有人问我：为什么要创建一个针对小孩子的生活场所呢？（当我说小孩子时，包括胎儿，甚至受孕之前的孩子！人们可以在要孩子之前去父母机构，也可以在怀孕期间去，在生完孩子出院以后去，或在孩子三岁之后、四岁之前去。）因为目前为止，还没有一个让孩子体验早期社会生活的机构。我们的机构正是一个让所有的孩子在家人的陪同下，拥有早期社会生活的场所。

　　截至目前，现有的机构包括临时托儿所、全日制托儿所、幼儿园等。孩子始终被切断了和父母的联系，也就是说，在这些地方，不是父母而是别人每天照料孩子。我们这里则是一个生活的场所。

弗朗索瓦兹·多尔多：这差不多是我们 1979 年在巴黎创建的"绿房子"的样子。它是一个完全过渡性的生活场所，目的是提前几个月为孩子上临时或全日制托儿所做准备，避免孩子因为上托儿所失眠（因为上托儿所的后果总是这样）。在孩子之前没有社会生活的情况下，这也同样是在为他们上幼儿园做准备。这能帮助他们提前做好准备，没有焦虑地和父母分离并进入社会。为此，社会中应该有一个不一样的地方来同时接待小孩子和他们的父母。

在并不照顾其他孩子的意义上，允许母亲在头几天和孩子一起进入托儿所，这很糟糕。然而，我们却允许孩子和妈妈一起进托儿所。同样地，在临时托儿所里，我们允许一些母亲留下来，这是对孩子歇斯底里的"奖赏"。孩子不哭不闹，我们就会告诉妈妈她可以走了，而让那些哭闹的孩子的妈妈留下来。这是让孩子的任性做主，或是让繁忙职业女性中的一些清闲妈妈的窥视欲做主。

你们想在自己所在城市建立的这个父母机构非常好，因为它有别于那些为了让孩子成为社会中的个体，而让孩子和父母分开的机构。

对于那些被送进托儿所的孩子们来说，缺点在于他们有两种人格：在托儿所中，那些"抱其他宝宝的阿姨们"对应着母性的那一面；那些照料他们的阿姨们则对应着父性的那一面。然而，当他们在父母机构待过之后，再到托儿所去的话，孩子就会知道谁是他们的父母，也会知道父母是不能被那些领取了父母的报酬，以照顾他们为职业的人所取代的。

当我们在一个宝宝面前说话，但是不对着他说的时候，慢慢地，他就不再倾听了。我举过一个类似的例子：一个孩子失去了母亲，但没有人告诉他这件事。当人们开始谈论这件事的时候，他就跑到一边，他知道自己不应该听这个。也就是说，他已经完全把自己封闭起来了，不让自己有权以一种人性化的方式来体验这一厄运。他把母亲的死完全抛在一边，并且明白，这个社会不愿和他分享对于这一痛苦他可能会有的一些东西。

当母亲讲道："啊！我们是怎么过来的啊！"当她谈起分娩的经过，以及刚开始喂奶的情形时，我们就对孩子说："你听到你母亲说的了吗？她正在讲所有那些她因为你所受的罪。你也一样，你因为她受罪而感到痛苦。"在不回答父母的情况下，我们可以谈谈父母提到的东西，把他们提到的关于孩子的东西转述给孩子。

如果你们能做到这一点，那真是太好了。通过绿房子，我提出了对孩子身上出现的心理—社会障碍、神经症和精神病进行预防的观点，这曾经很难以让人接受。当我们看到这些问题出现在孩子身上时，已经太晚了。要防止它们出现，应该在固定的症状出现之前就帮助父母和孩子进行沟通。

比如说，小孩子的失眠①。失眠是一种慢慢显现的症状，

---

① 在精神分析临床中，失眠可能是一种揭示原初自恋和死冲动之间冲突的症状。参见 *Séminaire de psychanalyse d'enfants*（《儿童精神分析讨论班》），op. cit. t. Ⅰ，p. 173。

它常常会变成一种生活模式。父母一点也不明白这是怎么回事，我们同样不明白。然而，在孩子真的在绿房子中找到许多乐趣以后，它会消失；当天晚上，孩子会睡得很好。那些感到无聊的孩子需要晚上有父母陪在身边来找点乐子。

就像我说的那样，托儿所的孩子有两种人格：一个是作为社会客体的人格，一个是作为主体的人格。后者始终留在父母把他们送到托儿所的时期，没有成长。因为当父母这么做时，没有提前通知他们，没有告诉他们，父母也会为送他们去托儿所感到难过。但是，这是有必要的。

尤其重要的是，母亲们在去托儿所接孩子时，不要一见面就吻他们。这很难做到，那些保育员也会指责她们："瞧瞧，你可真是不急着见自己的孩子啊，你都不吻他！"

她们到托儿所的时候，要稳得住才行。所有那些托儿所的孩子在见到自己妈妈时都会尖叫，因为他们害怕成为被（母亲）吞噬的奶瓶。在一些可怕的像是永别的亲吻之后，他们被留在托儿所，现在又将重新遇到那些一天没见孩子的沮丧的母亲的炽热的吻。他们知道粉红豹①老大将会扑向自己，但是他们还不知道哪个是自己的妈妈。他们只能通过母亲的气味和节奏认出来她来。在他们还没认出母亲前，她就已经开始吞噬他们了。如果先让他们听到母亲的声音，觉察到母亲给他们穿衣服的节奏；如果母亲和保育员交接道"今天一切都顺利吗？"等

---

① 粉红豹又称顽皮豹或傻豹，经典卡通形象。——译者注

等，并且对孩子说"我们回家去，我们会在家里看到爸爸，还有哥哥、姐姐，回家吧"，在把孩子放进婴儿推车之前，在这个时候，她可以吻吻孩子。或者，她可以在回到家里以后亲一亲、抱一抱孩子，为什么不呢？但是，不要一到托儿所就这样做。

应该像这样为那些将上托儿所的孩子们做准备，此外，托儿所的阿姨见到这些两个月大的小家伙们时会说："他们和其他孩子不一样。这些去过绿房子的孩子，他们会听别人说话，眼睛睁得大大的，不自我封闭。当我们在准备奶瓶，让他们等会儿的时候，他们不哭不闹。只要给他们说'就来了，我没忘了你'就够了。而且当母亲来接他们的时候，他们也不尖叫。这是一些表情丰富的孩子。"

当母亲们知道自己将把孩子送到托儿所时，她们就来绿房子。应该首先让孩子适应这个地方，然后让孩子习惯当着母亲的面，由另一个人协助着换尿布或喂奶。

母亲们应该明白，不应该在孩子去托儿所的两天前才开始给孩子断奶，应该让他在上托儿所之前就开始习惯另一种食物和进食方式(alimentation)。应该逐步进行。在此之前，应该来一个像绿房子这样的地方，让母亲慢慢把孩子转手给接待人员，让后者开始当着母亲的面给孩子换尿布。母亲可以这样说来让孩子安心："以后在托儿所就像这样，有一些女士给你换尿布——我们把她们叫作阿姨——这是一些给你父母提供服务的人，是父母出钱让她们照料你的。"

孩子知道自己不是要去爱这些人的，这些人也不是要去爱他的，这非常重要。如果她们爱他的话，那最好不过了！但这并不重要。重要的是，她们服务于他，服务于他的父母，能有效地满足他的一些需要，因为没有别人的帮助的话，他活不下去。

这样说好像很奇怪，但这对于保存孩子的人格、让他拥有健康来说，效果是非常彻底的。孩子知道自己是某个男人或者某个女人的儿子（女儿），不管在什么场合中，他都不是这个场合的客体，也不是那些照料他的人的客体。他始终是他自己，是和父母连在一起的，只是暂时地被交给这个人或者那个人来照料，后者对他并不具有无条件的权力。

在学校里也是一样。应该提前告诉孩子，老师对他没有任何权力。老师有教育的责任。如果她很神经质，有时可能会打孩子，也可能给孩子打高分或低分。老师是拿工资教书的，不是拿工资来当好人的。"如果她和蔼可亲的话，算你走运。"我多次见过一些小学二年级的孩子想留级到一年级，因为一年级班上有个和蔼可亲的老师。然而，老师应该既不好，也不坏。重要的是孩子和其他孩子一起上学，而且他知道老师是收了报酬来教他，让他更加社会化的。老师永远不能取代妈妈。是法律规定人到一定的年龄就要上学，但是无论喜欢还是不喜欢上学，这都是一件既不好也不坏的事。如果能在学校找到乐趣的话，那当然更好了！

严格地讲，奶妈是另一个妈妈——不是亲生妈妈，而是另一个妈妈，但是老师绝不会是妈妈。这些事情我们可以在接待这些四岁以下孩子的机构中讲一讲，这会极大地帮助到他们。

问题：您曾经谈到他人声音的诱发性，关于聋哑儿童，您能不能具体阐述下这个观点？

弗朗索瓦兹·多尔多：先天耳聋的孩子一点也不哑。耳聋的孩子话很多，他们不说我们能听到的话，不发出耳朵可以听到的各种音调。同样地，有些耳聋的孩子是能听到声响和感受到声音的振动的，他们一点也不聋。无论如何，他们完全处在语言中，处在视觉的、嗅觉的以及表情和动作的语言中。

有些孩子又聋又哑。这是可以治疗的，我就治过一些这样的孩子，甚至是十九岁的孩子，而人们普遍认为他们智力发育迟缓。[①] 他们有一些不同的知觉方式，比如气味和触觉。我们能够很好地和他们沟通，尤其在他们小的时候。

当然，如果父母知道他们耳聋的孩子和一个听力正常的孩子一样，也同样处在语言——不是口语，而是表情、动作的语言，默契的语言，表现欢乐、痛苦和心灵间关系的语言——中，而且他们能够学会用自己所属民族的手语来编码这一语言的话，那就太好了。如果父母能够为了自己的孩子去学手语，这当然很好，但在最开始的时候，假如他们能通过表情和动作来表达自己，通过口头和听觉之外的方式来和孩子建立联系，这也非常重要。

耳聋的孩子一直生活在一个魔法世界里。例如，母亲听到丈夫的车到了，就去开门。看到母亲一开门父亲就进来，孩子就也会不时地开门，想让父亲进来，但是他会因此体验到一种

---

① 此处指的是科琳（Corinne）的个案。这是一个住进了精神病院的先天聋哑女孩，当移情恰好在嗅觉周围被建立起来时，弗朗索瓦兹·多尔多就在图索医院对她进行了精神分析治疗。

可怕的无能为力感。他会想，自己从来不能让父亲出现，因为我们没有告诉他，他听不见。我们没有告诉孩子，他们听不见。这是一个很大的错误。

所有那些有某种残疾的孩子，我们应该一见到他就马上告诉他。

通过一见面就和他讲他的残疾，我们就可以换一个方式抚养孩子，因为从此，孩子就不再有那种持续的无能为力感了。他知道自己在哪方面是残疾的，而且由于这个，他能通过其他的感官和交流方式得到补偿。和那些没有这一残疾的人相比，他在那些方面更加敏锐。

从根本上说，我们是用眼睛来下楼梯的。我年纪越大越觉察到这一点。我在同一栋楼里住了四十年，很熟悉里面的楼梯，但是停电的时候，我还是得扶着栏杆。这让我相信，通常我是用自己的眼睛下楼梯的！

耳聋的孩子有着一双对于所有那些有意义的东西更警戒的眼睛：色彩的差异、面孔。此外，他们还有敏锐的嗅觉。我们每个人的气味和我们每个人一样，都是独特的。我们的气味会随着我们的情绪变化。对于小孩子来说，嗅觉更重要，当他们看不见或者听不到那个人的时候，他们能够通过嗅觉察觉到远处的人，并从中认出熟悉的人来。这会一直保留在那些没有听觉的孩子身上。颅内的一对神经指挥着双眼和双耳。当我们听右边的声音时，我们只能把眼球转向右边。那些丧失了听力的孩子，他们的双眼——如果我们可以这样讲的话——有一种像雷达一样的感知力。

你们可能读过一些盲人的回忆录，他们是通过某种雷达来感知空间的。某一天，一个后天的盲人突然发现自己通过一种之前都是无意识的，但是到了那时变得有意识的雷达，能完全清楚自己所处的空间的纵深。我读过一本20世20年代出版的书，是一个因战争变盲的人写的，非常有趣。他因失明而变得"晕头转向"，直到有一天，雷达出现了。有个先天的盲人曾经告诉过他这个现象。他心想："这不可能在我身上发生，因为我看不见的时候年纪已经太大了。"他是在第一次世界大战中失明的。然而，有一天，他和一群像他一样的盲人在一起，在周围一片交谈声中，他陷入到孤独中。突然，他被什么东西抓住了，进入一个有点无意识的状态。然后，他就有了"雷达"的感觉，能感到两边的墙以及房间里应该是吸收了声响的绿色植物的位置。他问其他那些比他更早残疾的人，大家告诉他："就是，太棒了。好了，你有雷达了。现在你的盲杖基本用不上了，相信你的雷达吧。"这让人吃惊。

耳聋的孩子也有一些办法，可以通过双眼，通过触觉、嗅觉和无意识的动作来理解别人。但更好的当然是通过我们称之为手语的那种意识编码。这些手语可以由那些懂手语的父母教给他们。

一个从出生时起就和父母交流的孩子将会更适应社会，尤其是那个使用手语的聋人社会，同时，他也会在听力正常的人的社会中感到更有安全感。在孩子四五岁时，父母可以教给他另一门语言，第二门语言(他的第一门语言是手语)，即他所在国家的口语——由嘴唇说出并辨识的语言。在我们国家，这门语言是法语。

问题：一个三岁大的男孩和一个九个月大的男孩的父亲是阿拉伯人，母亲是法国人。父亲打算给儿子们行割礼，母亲则把割礼看作对身体的损伤。您怎么看这个问题？

弗朗索瓦兹·多尔多：这本身完全不是一个问题。这对母亲来说是一个问题。对于父亲来说，这也可能是一个问题，如果他不想把割礼当作一个仪式，而仅仅是为了割礼而进行割礼的话，那就太蠢了。

通过某个外科医生，为了割礼而进行割礼，这既不是一件好事，也不是一件坏事。但这里的割礼是父亲的心愿，对于九个月大的孩子而言，已经太晚了。

事实上，不管是哪种割礼，一周或两周大才是合适的，要不就是包茎导致不断感染，保留包皮会有危险。这时应该把包皮割掉，并向他解释为什么："你会有生病的危险，它可能损伤这个重要的生命的花蕾（龟头）。"我们可以这样给他讲，这是真的，而且是一种诗意的说法。

在有危险的时候，或者在有信仰的情况下，割礼是必须的。但在后一种情况下，不应该不举行仪式，不应该仅仅为了向别人说已经行了割礼而进行。这完全没有意义。如果父亲希望孩子行割礼是为了让其他人不说闲话的话，母亲就应该帮助父亲，说："不，不要像这样偷偷地做。要在亲朋好友在场的情况下，以一种宗教仪式的方式进行。这样一来，割礼就是一种增强男子气概、促进人性的标识。"割礼完全不是对于身体的损害。如果父亲不再相信割礼，觉得它很荒谬，但仅仅出于虚伪，为了不被其他人指责而行割礼，那就会变成对身体的损害。

犹太人也一样。如果助产士给孩子行割礼只是为了让孩子说起来受过割礼的话，第二代或第三代人将为此付出代价。

在孩子刚生下来的时候，如果出于他们的信仰，父亲或者母亲想要把孩子置于能带给他们生命意义的宗教的规则和庇护下的话，他们必须基于这样的考虑："如果我明天就死了，谁来照管我的孩子呢？"一个孩子降生以后，我们的责任就是要确保其他人能接我们的班，（在必要的情况下）能成为孩子的监护人，并担负起最初的负责人（父母）希望给予孩子的教育模式的责任。这是教父和教母们所扮演的角色。

我们不能为了"装样子"来给一个孩子行割礼。这毫无意义。我不知道我是否回答了你的问题，但我认为，孩子应该被告知什么是割礼，被告知这对他来说是一种荣耀。由于他性器官上的这个标记，他就在一个对其成员的教育有着明确价值观的群体中被赋予了男性的价值。这一价值观不仅仅是一种行为上的道德准则，而且有着精神上的追求。

所有的母亲都把割礼当作一种对身体的损害，这是母亲们的问题。在年纪小的时候进行的割礼不仅不是一种损伤，还是一种对欲望的增强，因为龟头不再受到包皮的保护，这让它变得更为敏感。之后，由于黏膜变硬，它才变得不那么敏感。但最开始的时候，这确实是对龟头的解放。割礼让孩子感到自己在其家庭和社会群体的男性成员这一边的位置得到提升，更受到关注。如果母亲不希望她的男孩被父亲的欲望打上标记的话（父亲希望自己的孩子不仅仅属于自己和母亲，也属于上帝），这也意味着她对待孩子就有点像母狗对待自己的小狗，或者母猫对待自己的小猫。这个母亲想把孩子留在自己身边，想保护他免受一切身体伤害，却不理解孩子面临的这一考验的语言和象征层面的意义——让孩子更加具备人性。让人们理解这一点是非常重要的。

在基督教中，拿撒勒城的耶稣提出了一个新的观念：并不是给身体打上标记，而是要给心灵打上标记。他谈到心的割礼①。这是一个没有人能看到的内在印记，避免了一切的虚伪。并不是给阴茎做了割礼，我们就对心灵也做了割礼。重要的是心的割礼。心的割礼，就是不要像个孩子一样受到保护（就像我们小时候被妈妈保护一样）地活着。心这个器官象征着一个人受到掌控的冲动，这个人是自由地屈从于一个以先验的上帝为名的律法的，因此他就把这印刻在人类的爱的所在地，即心中。这就是这一割礼的含义。

那么，她就自己想办法吧，这个可怜的妈妈。我会用精神分析的行话来回答她。希望她能和孩子的父亲一起，在割礼仪式所具备的荣耀和提升的意义上思考一下，不要进行一种目的是不让别人说闲话或献给祖宗的割礼。

如果在座有一些已经稍微融入法国、有孩子的穆斯林女性

①　"心的割礼"这个主题同样也在《新约》中得到强调。它尤其吻合保罗著作的精神（参见《罗马书》Ⅱ：29）。但是它在《旧约》中就已经被清楚地呈现了（参见《耶利米书》Ⅳ：4）。关于"心"，弗朗索瓦兹·多尔多对于其隐喻的意义的讨论，参见"Le Coeur, expression symbolique de la vie effective"（《心，情感生活的象征性表达》），in *La difficulté de vivre*（《生活之难》），op. cit.，pp. 171-175。

的话，我说的这些也许会让你们感兴趣。希望你们能支持属于你们父辈的宗教的这一荣耀，并且帮助其他妇女，让她们不要去叫嚷着说："这会伤害我们的孩子。"希望她们明白这一仪式所具有的那个让人变得更有人性的价值，这对孩子、家庭以及当天在场的亲朋好友而言，是很有象征意义的。

问题：是不是通过给孩子橡皮奶嘴，我们就过度满足了他的欲望？我们是不是给他创造了一些需要？

弗朗索瓦兹·多尔多：嗯，确实，我们这样做过度满足了口腔的欲望，满足了口腔吸吮乳头这个被动的欲望。这是一种吸奶的幻觉，父母这样做是为了拥有安宁，因为他们不愿听到孩子叫喊。他们常常没有时间和孩子讲话，因此就通过给孩子正在吃奶的幻觉阻止孩子说出自己的痛苦。这很讨厌，因为这阻碍了孩子寻找一个解决之道。难道吸吮自己的大拇指、拳头或其他什么东西不比吸吮橡皮奶嘴更好吗？你们知道，孩子会把什么东西都放到嘴里。而且不单单是嘴里，他同样也把它们放到鼻子、眼睛和耳朵里。这是一种整合事物的方式。

　　在这个时候，他需要什么呢？需要一个象征性的元素，也就是说，需一个听觉的、视觉的和语言的元素来告诉他，他放到嘴里的东西是什么，它的味道如何。例如，在他把拨浪鼓金属的那一边放到嘴里时，我们可以说："你看，这是个拨浪鼓，它很凉，因为这一面是金属的。"如果他把象牙的那一面放到嘴里，我们可以说："这没有金属那面那么凉。"当我们看到他这样做的时候，仅仅这么说就够了；如果我们没看到，那就算了。或者另一个例子："瞧，你咬着你的小被子（或者小毛巾），就好像我抱着你喂奶一样，而且你觉得，因为你把小被子放在鼻子底下，所以就像正在被我抱着吃奶一样。不过很遗憾，因为这并不是真的。"这样一来，孩子就会对我们给他说的话很感兴趣，不再管他的小被子，而是来关注这个对他说话的人了。

对于孩子来说，真正的过渡客体是话语。<sup></sup>① 当我们没有及时把他对母亲在场的其他感知觉用话语表达出来时，他会用一些东西来替代母亲的在场，替代母亲的乳头这个部分客体。这并不太要紧。很多这样的孩子甚至因为吸吮自己的大拇指而成了非常伟大的知识分子。例如，爱因斯坦直到十一岁都还在吸大拇指，看上去像个傻瓜。他的老师们说："这个可怜的小家伙，他将一事无成。"这是一个通过吮吸大拇指进行思考的"可怜的小家伙"，因为吮吸大拇指会让孩子陷入沉思。这个孩子一直沉思，最后成了数学家，但也有很多人达不到这个地步。

---

① 弗朗索瓦兹·多尔多对过渡客体一直保持批评的立场，至少不承认温尼科特原创性的直觉，甚至认为直接用客体一词就够了。过渡客体更多地对应没有过渡的失败或者不完全。只有话语才是真正的过渡性客体这一说法，完全体现了她这一立场背后的动机。通过词语和话语，通过其天真幼稚的絮絮叨叨，儿童这个主体已经能够真正地摆脱其"物质实体上的"束缚。可参见 L'Image inconsciente du corps（《无意识身体意象》），op. cit.，p. 64 et suivantes。

问题：怎么看一个五岁的自立的孩子，在一些情境下(伙伴、学校、到外面玩)能和母亲分离，而在另一些时刻又在身体上抓着母亲不放(要求长时间的抚爱、温存)，并拒绝和母亲分开？儿科医生说："他缺乏自信，任由他这样肆意表达情感吧。"

弗朗索瓦兹·多尔多：但是，这位母亲为什么要听这位医生的呢？她又为什么要听我说的呢？什么才是她想要做的？当孩子跑来和她蹭来蹭去的时候，她感到高兴吗？如果高兴的话，对他俩来说，也没什么问题，他们俩还无知地处在乱伦时期，但这将会改变。这是一个已经发展得很好的孩子，但是他有一个遗憾，也许他的母亲同样感到遗憾："啊，孩子长大了，真可怕！"因此，时不时地，他就会去安慰母亲："不，我还没长大呢。"

　　有些孩子已经发展得很好了，但是时不时地，他们会做出妥协："应该去抱抱她，我可怜的妈妈。"母亲觉得是孩子想要抱抱，但实际上她也想要。在这里，我不知道医生为什么会认同这个孩子，也许他自己得到的温存还不够多？他对母亲说："任由他这么做吧。"为什么不呢？但是同样地，为什么要任由他这么做呢？

问题：一个十岁孩子的母亲去世了。不管是彼此之间，还是对孩子，全家人都不愿提起这件事。当我试着触及这个话题时，孩子一下就跑出房间了。作为职业工作者，我该怎么和他谈这件事呢？

弗朗索瓦兹·多尔多：提这个问题的人是孩子的小学老师吗？

回答：不，是心理咨询师。

弗朗索瓦兹·多尔多：你是心理咨询师的话，是有人要求你给这个孩子做咨询吗？是谁要求的？

回答：放假之前，因为其他一些问题，孩子被带来做咨询。开学之后，我又见到了他。

弗朗索瓦兹·多尔多：那么，应该是他来和你谈谈这些，即使他一言不发。让他长时间保持沉默好了，因为他的母亲也不说话了。他会对不说话的人产生移情，因此，你保持沉默就好。事实上，最开始的时候，孩子会对他周围的人产生移情。由于在这个时候，他有个沉默的母亲，所以他会对你保持沉默，以一种象征性的、精神上的方式和母亲建立联系。不要试着向他提问题，仅用告诉他是谁托付你来照料他的，因为大家觉得，对他来说，这件事——不用具体给他说什么事，他很清楚是什么事——发生后，他过得并不好。告诉他，如果他愿意的话，你很愿意定期听他倾诉；如果他不愿意，他也可以让你知道。

我自己经常使用象征性付费①，我们可以看到孩子用这个来表达对于晤谈的拒绝。此外，我们也祝贺他不想来晤谈："你这次不想见我是有道理的。当你下次给我带来付费（一张用过的地铁票、一块小石子，或者他自己画的一张假邮票）的时候，我就知道你想见我，但是今天（你没有带），就不做了。"

---

① 最开始，是一些反抗一切、否定一切的被抛弃的孩子给了弗朗索瓦兹·多尔多建立象征性付费的主意，这是他们拒绝需要被听到的证据。弗朗索瓦兹·多尔多做出这一技术上的创新，并将其普及开来。在最初的准备性晤谈中，如果孩子认为自己需要得到帮助，精神分析家和孩子之间就可以达成一个象征性付费的协议。象征性付费可以是小石子、假邮票或者十分钱的硬币。它既不是一个礼物，也不是一个部分客体，不需要被阐释。在一次次的晤谈中，它见证了孩子本人愿意做治疗的欲望。参见 *Séminaire de psychanalyse d'enfants*（《儿童精神分析讨论班》），op. cit. t. Ⅱ，pp. 17-124，et *La difficulté de vivre*（《生活之难》），op. cit.，pp. 262-263。

这很有意思，因为有些孩子想要见我。在十次、十五次晤谈中，他们都一言不发，但总是准时到，带着他们的象征性付费，独自前来。如果心理咨询师能够忍受，并知道孩子正是通过沉默来进行哀悼的话，这些完全沉默的晤谈对孩子来说好极了。

　　你举的例子有可能正是这种情况。当你在他面前谈到他母亲的死时，他会走开吗？和你在一起的时候，他虽然一言不发，但会在自己心里讲这些。他会重新体验那些需要体验的事情，慢慢地，他会向你讲一个梦，或者画点什么。在此之前，要尊重他的这一哀悼。这暂时只能在沉默中进行，因为他家里的其他人已经不愿或者不能和他谈论这件事了。

**问题：一位母亲要怎么和她四岁的女儿谈论丈夫面临的五到十年刑期呢？**

　　弗朗索瓦兹·多尔多：她的丈夫是孩子的父亲吗？是吗？那么，孩子是知道的，虽然母亲没有通过话语告诉她，但是她是知道的。

　　**回答：告诉孩子的是爸爸走了。**

弗朗索瓦兹·多尔多：虽然告诉孩子的是爸爸走了，但是孩子很清楚这是骗她的。妈妈应该简单地给孩子说："我告诉过你，你爸爸走了，但你很清楚这不是真的。如果你知道他出了什么事，说说看你是怎么想的，我慢慢告诉你真相。"她也可以这样补充道："你那个时候年纪太小了，我觉得没法跟你解释，但是我相信你知道一些事情，也不敢跟我讲。我们俩都不敢说，只说爸爸走了。我向大家说的都是我丈夫走了，但是对你，如果你希望的话，我可以告诉你真相。"孩子或许一句话也不说，然后，两三天后，她开始说点什么，或者画一幅画，画上到处都是栅栏，中间有个小人。妈妈就说："嗯，你是对的，他就在那儿。"

"为什么呢？"

"嗯，因为他干了件蠢事。"

然后她可以向孩子解释他干的蠢事。最重要的是，小女孩能到监狱里看看自己的父亲，或者给他写信。

对囚犯来说，最重要的是他们的孩子在他们服刑期间依然爱着他们。正是这个能让监狱真正起到让他们重新做人的作用，因为这都是一些缺乏教育，或者失去了对自己的控制的人，他们的孩子爱他们这个事实，能让他们产生责任感。当他们看到自己的孩子在他们做出应受谴责的行为后仍然爱着他们，他们就会产生责任感，而不再内疚。让行为上的缺陷变得更有人性的东西，就是承担责任，而不是被负罪感压垮。最能帮助他们的是他们孩子的爱。

就像这样，我帮过许多犯人的孩子。最开始的时候，我蒙在鼓里——爸爸出门了，由于工作出远门了，直到妈妈告诉我他进了监狱。

孩子知道这一点。他们会不自觉地通过绘画告诉你。他们无意识地知道真相。最好是用话语说出来。此外，孩子会发明无数的办法来原谅自己的父母。例如，他们会怪罪爷爷没能把自己的孩子抚养成人。情况也确实常常如此：这通常是一些在社会化时期没有父亲的男人。

人们有时喜欢省事：他们不能当时就对孩子讲，因为他们自己太激动了。不过，他们应该事后补救，应该对孩子说："你那个时候年纪太小了。现在，我明白你很清楚这个。我不想再对你继续胡扯了，因为这样下去会没完没了。"等等。

要知道，一个五岁的孩子什么都明白！他能听懂我们说的话。

他可能会经历一个反抗父亲的阶段："他很坏，是个坏蛋！"

"你现在是这么觉得的，但是长大以后，你也许更能理解他的处境。你选了这个父亲，这并没有错。"（他应是孩子的亲生父亲，如果只是母亲的情人的话，那就另当别论了。）

这并不"坏"。一个人可以罪大恶极，但却很好地生了些孩子。我不知道这个男人犯了什么罪，但是不应该重复孩子的话。应该告诉孩子："听着，你爸爸做的，是一些大人做的事情，你也许很难理解，但是我不允许你说你爸爸很坏、是坏蛋。他掉到一个他自己的陷阱里了，但是他并不因此就很坏。"

应当完全拒绝一些表达价值的词汇：凶、坏。我们常常听孩子说："妈妈很凶。"我们可以回答道："听着，不要把她当作母猩猩。她是一个女人。母猩猩很凶，但是对于妈妈，不能这么说。"

确实，"坏""凶"，这些都是一些形容表面现象的词。"恶"是什么意思？"小心恶狗"吗？这没什么意义。应该告诉孩子："存在法律，但是你父亲忘记了。"

孩子们会带来很多帮助。他们和我们一样聪明，和我们一样多情，因此他们能够理解。从某种意义上说，他们选择了自己的命运，有时甚至是很艰难的命运。应该告诉他们："你没有选择降生在一个简单的家庭，这意味着你有能力克服困难。我们一起来努努力。"

**问题：您谈到了痛苦，并说应当忘掉它来让欲望重新诞生。**

弗朗索瓦兹·多尔多：不，我没有说忘掉它，而是说超越它。为了做到这一点，就应该来说一说。当我们谈论痛苦的时候，其中一些冲动就会因为遇到一个倾听者而变得缓和。出于这个原因，欲望不再止步于痛苦的病态，而是用其他的方式得到满足，因为沉溺于痛苦是某种自慰，如同所有的自慰一样，这带来不了什么。如果不通过向一个人讲述来摆脱这种痛苦的话，我们就会热衷于自己的痛苦。这一点很难理解：欲望在痛苦的受虐中获得的满足，就像在和其他人分享的快乐中（或者通过语言和其他人分享因此就被人性化了的痛苦中）获得的满足一样多，只是前者对于个体和社会没有任何益处。

很显然，当一个人由于自身的痛苦不停呻吟，而我们希望他闭嘴，不要再讲述这一痛苦时——比如那些患进行性肌肉萎缩症的孩子，或者那些先天残疾的孩子（癫痫是另一个问题），只有一种办法，就是和他说实话，并且倾听他对此想说或能说的话。

对于那些患进行性肌肉萎缩症，病情注定会逐渐恶化的孩子，我们应该马上告诉他们："你有一种将会变得越来越重的残疾。只有你自己才能感到自己身上发生的事情，病情的恶化也许会变缓，但也许……这并不确定。"

重要的是保持交流，从我们告诉一个人他的残疾的时候起，他就会用许多过度补偿的方式，来让自己始终作为一个主体，而不是作为一具肉体的存在，越来越成为别人的客体。在和其他人，和那些说真话的人，而不是那些装样子的人交流的过程中，他们始终有获得快乐的可能性。那些装样子的人会说："嗯，明天会好一些的。"但我们知道，这并不是真的。

也许几年以后，我们会找到治疗或者改善进行性肌肉萎缩症的方法。这是有可能的。正是因为这样，他们能够谈论自己的症状，谈论体验到不同情绪时症状带来的不同感受，是非常重要的。这有助于对于这一疾病的临床观察。应该告诉他们："你不是一个人。"要让他们知道自己不是独自在面对这一不幸，还有其他的人，他们之间能够互相帮助。

和我们所认为的应该单独抚养他们，不让那些有着同样残疾的孩子待在一起相反，让他们待在一起也很好。和其他那些与自己类似的孩子在一起时，他们会感到自己没有那么不幸，前提条件是家人继续来看他们，不掩盖他们有残疾这一事实。这样我们就能带给他们在和他人的相遇中会有的一切快乐，因为他们有许多听觉、视觉和想象的快乐。十五年前，有一部很棒的关于中枢运动神经残疾儿童的电影，票房不是很成功，片名是《无尽的温柔》(*Une infinite tendresse*)①。

---

① 皮埃尔·加兰(Pierre Jalland)1969 年导演的电影(Films 13/Ariane Films 出品)。

问题：如果孩子患有严重疾病呢？

弗朗索瓦兹·多尔多：恰恰应该马上告诉他："你可以和我说所有那些你感受到的东西。知道状况的人是你。你可以和医生谈。如果医生没时间听你说，我来听你说。"应该至少让他有个人可以说一说。

　　我确信，面对死亡时，临终者是知道自己即将到达生命终点的。读读吉内特·兰博（Ginette Raimbault）的书①吧：孩子们很担心自己的父母。许多孩子说："你去告诉妈妈，她不愿意相信我，但是下个星期，当她再来看我的时候，我就已经不在了。"对于他们来说，逝去是他们生命的一部分。我们不知道死亡是什么，但是孩子对于自己的死，可不像我们这样搞得这么夸张。在我们看来，夭折是悲剧。但是，对于这个将要死去的孩子来说，那并不是夭折，而是他体验到的生命演化的一部分，死后始终还有希望。我们不知道对于孩子来说这个死后的希望是什么，但是他会谈道："在我死了以后，我就做这个或做那个。"但是为什么不呢？应该任由他去想象。不要讲话，而是听他说，并赞同道："知道的那个人是你。"

---

　　①　Ginette Raimbault, *L'Enfant et la mort*, *Des enfants malades parlent de la mort*：*problems de la Clinique du deuil*（《孩子与死亡，一些患病的孩子谈死亡：关于哀悼的一些临床问题》），Privat, 1989. 吉内特·兰博是在巴黎一家儿科机构工作的精神分析家，也是一名作家。在书中，他叙述了自己的临床工作，并做了一些自由的访谈。接受访谈的孩子大部分因患新陈代谢疾病住院，并清楚地知道自己即将死去。

问题：如果是一个三十来岁，不愿知道自己患多发性硬化症的女人呢？

弗朗索瓦兹·多尔多：她也许是有道理的，因为有些多发性硬化症①患者的缓和期非常长，以至于他们死于街头车祸的风险比死于疾病的风险还要高。一个三十岁的成年人和一个孩子完全不同。至于我，我向你们讲的是一些年纪很小的孩子。按照目前的科学知识，我们知道他们得了一些无法治愈的疾病，但是如果他们能够说说自己的状态的话，就有助于让我们对这些疾病的观察变得更加精细。如果他们不想说的话，我们应该说："你不谈这些是有道理的。"但不应当向他们隐瞒我们知道他们身处的是何种困境。如果他们看到父母流泪的话，父母可以告诉他们原因："我流泪，是因为你得了一种让我担心的病。我们还不知道怎么治这种病。"在这个时候，孩子们会来安慰父母。

　　照料这些孩子的护士应当毫不犹豫地问他们："你是怎么想的呢？应该和你妈妈说些什么？"是孩子来告诉我们，是他来向我们解释。

　　有一个孩子就是这样。他的护士跑来问我："这个孩子快死了，他母亲状态很糟糕。该怎么对他妈妈说呢？需要提醒她吗？因为她下星期再来的时候，孩子可能已经死了。但是她却

---

　　① 多发性硬化症是一种慢性、炎症性、脱髓鞘的中枢神经系统疾病，可引起各种症状，包括感觉改变、视觉障碍、肌肉无力、忧郁、协调与讲话困难、严重的疲劳、认知障碍、平衡障碍、体热和疼痛等，严重的会导致活动性障碍和残疾。多发性硬化症的病因不清，多被认为是自身免疫性疾病。少数人认为这是一种代谢依赖性神经变性疾病。目前，多发性硬化症尚无有效的治疗办法。——译者注

对此毫无觉察，她甚至想给孩子转院，再找一个医生……"

我对这个护士说："听着，我不知道，但是孩子知道。他了解他妈妈。问问他：'你觉得该对你妈妈说你病情的发展吗?'"孩子的回答是："她不能承受我将要死去这件事，你就尽力而为吧。"

事实上，她尽力而为了。也就是说，对于这个将要面对孩子死去这一事实的母亲，她帮不上太多忙。孩子说："你告诉妈妈，当我死了，我还是爱她的。"（"当我死了"，事实上，孩子说完这话不一会儿就死了。）

我们这些活着的人并不知道，我们把死亡投射成很可怕的东西，但是对于那些正在经历死亡的人来说……这是我们每个人生命的一部分。和成年人相比，孩子们远远没有那么焦虑，因为他们没有责任感。或者说，他们只有一点点责任感，就像上面这个孩子觉得要对自己母亲负责一样。他也有父亲，但却一点也不担心他。他说："我爸爸，没事的。"他感到会悲伤的是妈妈。听听孩子们怎么说吧。

**问题：对于那些先天愚型(mongolien)<sup>①</sup>的孩子，我们该怎么做？**

---

① 先天愚型，又名唐氏综合征(21—三体综合征)，包含一系列遗传病，其中最具代表性的是第 21 对染色体的三体现象。该异常会导致学习障碍、智能障碍和残疾等高度畸形。——译者注

弗朗索瓦兹·多尔多：特别是对于那些先天愚型的孩子，要在他们出生后就立即告诉他们。我最早治疗的某个先天愚型的孩子就是这样从中走出来的：她一出生就被告知自己的基因异常。现在，症状消散了很多，因为母亲和父亲知道要帮助医生，孩子也接受了自己的先天愚型。

　　这位女士在医院里写信给我："自从我女儿出生后，我就哭个不停。最近三天我只知道哭，因为孩子一生下来就是唐氏综合征。"我马上回信道："告诉你的女儿你为什么哭，告诉她，她是唐氏综合征，她和其他那些我们知道应该怎样养育的孩子不一样。用'遗传基因异常'这个词，并且告诉她，你哭是因为这种异常让你不知道怎么养育她，你担心她会不幸福。"

　　这对父母完全被我的信惊到了。他们那时还在医院里，心想："会有什么风险呢？我们就告诉她吧。"然后，他们就看到这个才出生五天的宝宝灿烂的微笑。从此以后，他们就和这个孩子有了一种不可思议的交流，这个孩子很聪明！

　　他们不住在巴黎。我后来见过这个孩子。她是先天愚型，从某方面讲，非常先天愚型，但却比很多不是先天愚型的孩子更积极活跃，更有生命力。每次面临难题的时候，母亲都会对她说："你是知道的，告诉我，我该为你做些什么吧。"仅此而已。他们之间有一种完全的信任。

　　后来，这个小女孩被送进幼儿园，因为她想要和其他孩子在一起。母亲找到一所愿意接收她的小幼儿园，某种针对大孩子的托儿所。就像很多先天愚型的孩子不长个子一样，在其他孩子当中，这个孩子就像一个侏儒。

有一天，有位女士说："这个小姑娘，她的脑袋真奇怪。"她那时二十六七个月大，说话很不清楚，但她走过去对这位女士含含糊糊地说："我是唐氏综合征"。

这位女士很吃惊："什么，她给我说什么？"

"她告诉你，这是因为她是先天愚型，是唐氏综合征。"幼儿园老师转述道。

"怎么可能？她居然知道！"

我见过这个孩子两次。她两岁半的时候，父母带她来绿房子，这时母亲正怀着另一个孩子。父亲告诉我："医生坚决要求我们做一次羊膜穿刺，来看看这个孩子是不是先天愚型，但是我和他大吵了一架。我告诉他，如果这个孩子还是先天愚型的话，那就是好了。我们和女儿在一起非常快乐，即使第二个孩子也是先天愚型，我也不想堕掉这个孩子。"医生回答道："在这种情况下，我就不给你们做羊膜穿刺了，因为做羊膜穿刺是为了让你们不生先天愚型的孩子。"

我们都很清楚先天愚型是怎么回事，我们知道是基因异常导致某种氨基酸的合成出了问题（有点像糖尿病患者不能合成糖一样），并且因此导致了神经系统中一些重要细胞的衰老。这些孩子的身体衰老要快得多。但是他们的精神——他们的主体，有时却是清楚、聪明和完好的，并且很有趣。这个孩子正是这样。

最终，他们没有做羊膜穿刺。胎儿七个月大的时候，小女孩问父亲："妈妈要生的这个孩子，是不是会和我一样呢？"父亲回答说"我不知道"，之后就再也没说什么了。他们去医院做了 B 超，回来以后，她把父亲叫到一边，问："医生怎么说的？他是不是会像我一样？"父亲回答道："不，他不是先天愚型，他是个男孩。"

"是男孩，这很好，但是他不像我，这真让人伤心。"

"嗯，你觉得自己孤孤单单的。"

她没再说什么。小弟弟诞生的时候，她很激动，她对他很感兴趣。

我第二次见她时，她的小弟弟一岁半了，她的个子却和弟弟差不多。她三岁半、四岁了，但是始终很矮。不长个是先天愚型的症状之一。我注意到母亲非常关注这个女儿，几乎关注得过头了，要比对儿子关注得多，对于后者，她没那么多母性。这也许是为了不让她的女儿感到痛苦？因此，我就对这个孩子说："你看，我觉得你妈妈太关注你了。你的弟弟尽管不是先天愚型，但他同样有趣。我不知道是不是因为这个，你的个头一直很矮。实际上，先天愚型让很多孩子都长不高，但是你，我觉得你非常想要占据弟弟的位置，也许正是这个原因阻碍了你长高，让你的个头像小两岁的孩子。"她白了我一眼，对我说："我讨厌你。"接着，她就跑到一边了。

三个月后，她的母亲写信告诉我："在夏天的四个月里，她换了三次鞋码。她的个头完全赶上了年龄。"这是由于我给她说的这个实话，这个没有被言说的想通过身高（年龄）、身体（场所）来占据两岁大的弟弟的位置的欲望吗？

母亲接着写道："你说的很有道理。我和丈夫在回来的路上想了想，确实，小的那个无论做成什么，我们都觉得很自然，但当她做成了什么时，我们马上就会拼命夸奖她。"他们对此做了些改变，后来就好多了。

还有一件很有意思的事，也是一个教训。她曾在那个接收她的小私立幼儿园上小班。但是到了下一年，幼儿园中班的老师不想要她。她说："我不想在我的班上有这样一个脑袋。这样的孩子让我心里不舒服。"母亲因此心烦意乱。我对母亲说："其实你很走运，其他老师原本可能会说些虚伪的话。"我也告诉孩子："你妈妈和你，你们很走运，这个老师说她不想要你，因为你是先天愚型。你知道自己和其他孩子不一样，应该是你去做点什么，去找到自己的位置，让别人来爱你。你没法让这个老师爱你，她自己活该。你妈妈会给你另外找个幼儿园的。"事实上，她妈妈的确又找到了一所私立幼儿园。

我告诉孩子这些是在复活节，之后孩子怎么做的呢？我不知道她做了什么，但幼儿园中班的老师说："你知道，我在课间休息的时候观察了这个孩子，她真让人吃惊，而且很讨人喜欢。被别的孩子欺负的时候，她从来都不记仇，她总是积极参与集体活动，慢慢地，大家都接受她了。她甚至成了一个小头头。我现在改主意了，我很想要这个孩子，很想让你的女儿到我的班上。你希望的话，我愿意为自己说过的话道歉。"

母亲对此回复道："你这么做是有道理的，我要谢谢你说了那些话。这帮了我们很多，也帮助我女儿去接受有些人不喜欢她这个事实。"

通常的情况是，越是抗拒的那些人，如果我们能接受他们表达自己的抗拒，我们便可与之工作。我和大家谈到这些是因

为我们谈到了残疾，但这些也可以帮助大家理解因为外表而被
社会边缘化的问题，如种族歧视。种族歧视是个重要的问题，
有的孩子因此苦不堪言。我们不能说这不是真的，我们必须告
诉他们真相。我们不能说"你要超越一个障碍"，而要给他们解释
说"你是黑皮肤的"，或者说"你是个混血儿，有些班上的孩子会
因此指责你。而你，你只需要让自己被欣赏，他们就会知道自己
搞错了，是他们自己很蠢"。

这样做，你们就会帮助到孩子。你们会说："这有什么用
呢?"这恰恰因为我们是在真相之上，而不是在虚伪之上建构自
己的。然而，如果我们假装相信，仅仅在老师的帮助下，这些
孩子就可以融入班级，那才是虚伪。完全不是这么回事儿。哪
怕是对那些年纪很小的孩子，我们也需要谈谈班上到处都有的
种族歧视。要把孩子的感受用准确的话语表达出来。

另一个例子是关于公立儿童福利院（现在我们称之为
DDASS 的机构）的孩子们的，他们都是弃儿。① 他们去上片区
的幼儿园。一天，一个和我一起工作的孩子告诉我："所有的

---

① "一个孩子会因为我们没有赋予他来到这个世界上的自豪感而死去。
拥有仅带给他生命并抛弃了他的父母，并不是一件很羞耻的事情。"参见
*Séminaire de psychanalyse d'enfants*（《儿童精神分析讨论班》），op. cit. t.
Ⅰ，p. 18。

弗朗索瓦兹•多尔多的这个态度，明确地展示了她的直觉和伦理道德，
这驱使她接手很早就被抛弃的孩子来做治疗。参见 *Solitude*（《孤独》），
pp. 177-179。她从 1973 年开始和巴黎一所托儿所的孩子一起工作。在他们
的保育员的陪同下，她会在图索医院门诊以及埃蒂安—马塞尔中心接待这些
孩子。

孩子都反对我们，当福利院的车到的时候，他们在车外等着，准备揍我们。"在"福利院"团体和父母接送的已经到幼儿园的孩子团体之间，存在这么一场斗争。

这个孩子已经处在和我一起工作的尾声，那时他三岁。人们把他带来我这里，说他是精神病、缄默症、智力发展迟滞，等等。之所以出现这些问题，是因为没人听他说过去的经历，没有人知道发生了什么。只有他自己知道，并慢慢在我们的晤谈中表达了出来。

我和他一起反思："你告诉我的这些很有意思。我在想，那些幼儿园的孩子是不是嫉妒福利院的孩子。因为你看，他们啊，如果没有爸爸妈妈就活不下去，但你们呢，他们知道你们都没有爸爸妈妈，却活得很好。所以，也许是因为这个。"

他没有接我的话，继续说他的。实际上，这是真的，他们和别的孩子不同，因为我们知道他们是没有父母的孩子，他们中的某些会被收养。这些在幼儿园里都会流传："那个谁不在这儿了，他找到了一个爸爸和妈妈。"在幼儿园里，事情就是这么流传的。

我刚才提到的那个孩子之后就被收养了，他的养父母为了这个孩子的将来着想，想知道之前发生了些什么，所以特意来见我。他们还去幼儿园找老师了解他的学习状况，并征求学习上的建议，等等。老师告诉他们说："你们知道吗，这个孩子太特别了。最开始因为他不稳定，所以需要接受治疗，在幼儿园没人可以看住他，但是之后，他却变成了班上真正的领袖，充满同情心和智慧！"他的养母对这一点深有感触。幼儿园老师还补充说："他离开的时候，我非常伤心。你们想想看，只有今年，福利院的孩子与班上其他孩子之间没有出现麻烦。这真是多亏了他。之前我想办法不让这些孩子同时到幼儿园。我让校车司机晚到三分钟，等所有人进了教室以后再开进来，以免发生打斗。我试着让局面稳定下来，然后有一天，这个小家伙和我说：'你知道吗，老师，我觉得我知道他们为什么向我们这些福利院的孩子开战。'"

"哦，是吗？为什么呢？"

"我想，这是因为他们嫉妒我们。"他重复了我一两个月前对他说的话。

幼儿园老师还和那位养母说："当时鸦雀无声，孩子们都沉默了，你甚至都能听到苍蝇飞过的声音。他们再也没有攻击过福利院的孩子，即使是在校车来了他们还没进教室的情况下。整个学期，双方再也没有出现过什么冲突，因为确实：他们非常嫉妒那些不需要爸爸妈妈就可以生活得很愉快的孩子。这真是太好了！"

我们必须明白一点：当某些事情是真实的，而又被说出来的时候，它就可以解放症状。我们上面说的就是嫉妒的症状：那些有父母的孩子嫉妒那些没有父母却生活得很好的孩子。

对其他与众不同的孩子来说也是这么一回事。无论患唐氏综合征，还是体质虚弱或残疾，他们依然可以让自己活得很好，这真是令人难以置信！

你们可以像这样帮助一个有明显缺陷的孩子。重要的是他所经历的，以及他如何爱着别人，完全不是他如何被爱。我们完全没必要这么"受虐"，不去反抗那些欺负我们的人。但是不是说要去讨厌他们，因为这完全没有意义，不过是浪费精力罢了。对那些残疾的孩子来说也是一样的：他们没有精力可以浪费，更没必要把精力浪费在这些上面。在充满活力的教育中，这是非常重要的。

问题：因为意外溺水，我们不幸失去了一个四岁的女儿。我们该和剩下的两个孩子说什么呢？她们俩一个十二岁，一个九岁，都被这场意外吓坏了。

弗朗索瓦兹·多尔多：谁"剩下"了？更确切地说，她们继续她们的生活，这不是剩下。

我不认为我们能说很多东西。她们知道这是个意外。我们得让她们去言说她们想象的事情。就这么多，我们什么也说不了。如果她们中的一个说了些和内疚相关的事，比如"你觉得如果我们当初对她好一点的话……"仅仅听她说就可以了。

人们经常自我指责。孩子们会梦到自己感到内疚，在有些梦中，他们自己也许就是死亡的元凶。这样的梦是完全健康和正常的[①]，你们接下来会明白这是为什么。

在我们哀悼的仪式中，在所有民族的哀悼仪式中，都是如此：当有一个人逝去，我们会和死亡达成一致。拿我们打个比方，我们会把棺材放入土中，每一个爱着逝者的人都会往棺木上撒上一抔泥土。这意味着，这个人同意埋葬死者。这是一个哀悼的仪式，它意味着"我和死亡达成一致"。当我们去埋葬一个人，给他加上一抔泥土的时候，我们看上去很安然："是的，我同意。"相反，无比爱他的人就会这样说："不要让他入土。"我们迫使人们举行一个和残酷的命运达成一致的仪式。

他们会梦到自己因为做了什么成为死亡的元凶。在孩子那里，这样的梦通常是这样的："这都怪我。"这是一种对生命魔

---

① 弗朗索瓦兹·多尔多在这里提出的想法是对"亲近人死亡的梦"这个问题的扩大化。弗洛伊德在对于典型的梦的普遍分类中，对这个问题进行过研究。参见 L'interprétation des rêves（《梦的解析》），PUF，1971，pp. 210-240 et 339 et suivantes。

力加以掌控的欲望，因为死亡同样也是生命，因为无生就无死，无死亦无生。这是一些围绕着我们潜意识①的东西，它希望在面对生与死的现象时强大有力，至少能掌控生死。这可以解释某些令人非常痛苦的梦，在梦中我们成了自己最爱的人逝去的元凶。这恰恰是命运的不测风云带给我们的煎熬，这种无力感令人十分痛苦，我们的梦就尝试去弥补它："不，不，你希望如此，你是同意的。"

我们需要使这两个十二岁和九岁的孩子安心。唯一可以和她们说的就是，没人知道这个小姑娘是怎样走完她的生命历程的，在我们看来，她死于一场意外，可事实上，她是结束了在自己身体里的历程。也就是说，我们并不知道相对于活着，这意味着什么。每一种宗教都会以一种或者另一种方式来回答这个问题。根据他们的信仰，父母可以回答关于死后的问题。但这就是我们可以说的一切了。在不幸面前，大家都很悲痛，人们会用不同的方式来表达。重要的是，如果孩子提出问题的话，要能够和他谈谈。

还有一种哀悼的方式，就是把别人的东西据为己有。不能阻止孩子留下一些他们兄弟或者姐妹的物品，因此不要说"不，不，你不可以拿你姐姐、你哥哥的东西"，就好像拿这些东西需要感到内疚一样。恰恰相反，如果活下来的孩子能够用到那些去世的孩子的东西，而他们又想这么做的话，我们必须祝贺

---

① 也译作无意识。——译者注

他们："你可以玩他玩过的玩具，这让他走得没那么远。""你喜欢他曾经拥有的这些东西。"必须支持他们将这些曾带给他逝去的姐妹快乐的部分客体纳入体内。

我说的这些肯定让你们很惊讶，因为这和"这样做该内疚"这一观念有点矛盾。"啊不行，这个是属于她的，我们要把这个送人，你不能玩。"这错误至极。父母看到一个孩子的死给其他孩子带来了"好处"，这也许是一件让他们感到难受的事，但这和成人身上发生的完全一样：他失去了亲爱的父母，但获得了一笔遗产（除非他不喜欢死者，在这样的情况下，他丝毫不在乎后者的死，或对此感到轻松）。当涉及自己父母时，我们当然希望他们还健在，但这并不妨碍我们笑纳他们留下的财产，这可以让我们的物质生活更上一层楼。

人们对此感到满意，并感谢父母。通过死亡，我们获得了他们的遗产。为什么不呢？有时候，物品是爱的载体。

对孩子而言完全一样。当一个兄弟或者姐妹去世的时候，他们会分享他或者她遗留下来的物品，让这些物品能够继续给活着的人带来快乐。他们用这些物品支持自身发展，享受驱力（pulsion）①所带来的快乐。生活继续。

---

① "一股驱使生命体朝向一个目的的推力（能量的负载，运动机能的主因）所构成的动力程序。弗洛伊德认为，驱力的来源在于身体的刺激（紧张状态）；其目的则在于解除主宰驱力来源的紧张状态；而驱力可以在客体上或借由此客体来达成其目的。"参见[法]尚·拉普朗虚、尚-柏腾·彭大厉斯：《精神分析词汇》，沈志中、王文基译，385页，台北，行人出版社，2000。——译者注

问题：鉴于社会工作者们和家庭接触的时间有限，而且父母在谈论离婚这件事时有所保留，那么社会工作者在奉命进行离婚调查时，到底应该持有什么样的态度，以便更好地对孩子的归属权给出自己的意见呢？

弗朗索瓦兹·多尔多：这些社会工作者被指派了什么工作？法官让他们进行调查？

**回答：是的。**

弗朗索瓦兹·多尔多：孩子看到家里来了个陌生人，而这个人也不说他是来干什么的？

**回答：不是总说。**

弗朗索瓦兹·多尔多：啊，这是不对的。如果他们不是受到一个有权力的人的指派，而且他们不是通过为司法，同时也为家庭及每一个家庭成员服务而获取报酬的话，他们哪来的权力去窥视一个家庭呢？

他必须告诉父母："我受法官委托来进行调查。"然后，他要告诉孩子："你不知道法官是做什么的。法官是决定一些重要事情的人。你的父母现在严重不合，他们觉得也许要分开。我们把这叫作离婚。需要离婚的时候，是由法官和父母一起决定孩子跟谁，大部分时间跟父母双方中的哪一方生活。（因为这不是'监护权'，所以我们要说'大部分时间'，以及'其他时间'）。法官委托我来了解一下。如果你有什么想法，可以告诉我，我会把你的想法告诉做决定的法官。你希望怎么样呢？继续住在这儿？还是去别的地方生活？"

几乎总是如此，如果我们不问他们的话，孩子不会说他们想去谁那儿。如果我们问了，他们就被迫回答是爸爸或妈妈。但如果我们这样问他："你想留在这儿，还是去一个别的地方，换一所学校?"有的孩子会说："是的，我想换所学校。"好吧。是这一点决定了大部分时间、上学的时间是和哪位家长在一起的。孩子不用说想和谁在一起。他仅仅说，如果换所学校他会很高兴。这表明他对目前生活的氛围以及周遭事物并不满意。如果情况相反，他说自己想留在这儿，留在目前这所学校，我们可以回答："好吧，我看看法官有没有可能做这样的决定。你把你的想法告诉我，这很好。"就这么多。可是不能不告诉孩子，否则你们没有权力介入。同时你们也得告诉家长："女士，你知道我今天要来，对吧？如果你事先不知道，那么请提醒你的孩子，让他做好思想准备，我一星期以后再来。"重要的是，不要搞突然袭击，或者背后搞小动作。

我们曾经在一所高中，对十七岁以上父母离异的男生和女生做过问卷调查。令人难以置信的是，校长没有向他们解释我们为什么来。我们来是为了听取这些因为父母离婚而感到痛苦的孩子的意见和建议的，校长却和他们说："这些人是来告诉你们拥有哪些权利的。"事实上，我们是来了解在离婚中，是什么让他们最难受的，他们告诉我们的这些内容可以帮助到那些和他们那时一样大的孩子。为了让他们不那么痛苦，我们想知道社会可以做些什么。因此，我们是去那里做问卷调查的人，是我们提出了请求。[1]

这些年轻人花了很长时间才明白我们为什么来，才明白我们的请求是什么。那些明白了这一点的年轻人，说了一些让我们很感兴趣的东西。

我们三个人一起做这个问卷调查，一部分在一所学生家庭背景是高管的高中进行，另一部分在一所学生家庭背景是工人的高中进行。个中的差别很耐人寻味。在工人环境的高中，让这些年轻人最受伤的，是他们父亲没有表现出对他们的责任感

---

[1] 我们可以在《儿童的利益》(pp. 275-281)中找到关于这个调查的详细介绍。

所带来的耻辱——相对于另外一些有担当的父亲（那些周日接孩子过去、和孩子分享生命喜悦的父亲，尽管这些孩子和母亲一起生活）而言。况且，在一段时间里，母亲并不愿意他们去见他们的父亲。父亲说："我可以理解你妈妈，但我寄钱给她了，她和你们说过吗？"

"没有。"

"这样啊。我可以告诉你，我寄了钱的，我这儿还有汇款凭证呢。法官说我有权见你们，你妈妈也清楚这一点。"

总之，在成长的过程中，是父亲不负责任这件事让他们震惊，完全不是因为父亲和母亲离婚了。他们也因母亲没有说的事情备受煎熬。她没有说父亲每个月都会寄钱过来。因为和婆家的过节，她不喜欢孩子们去看他。事实上，离婚这件事几乎总是和祖父母有关，出于婆婆、岳母之间，祖母之间的敌对或嫉妒。要么就是在儿媳妇怀孕期间，男方的妈妈掺和进来，这个男人突然退行，比如因为没有得到一个期望的孩子而有点受打击，或者发现他的妻子变了。

在孩子诞生，或者孩子难带的时候，其中一方的母亲经常会趁机玩些把戏，来夺回自己现在已经成为父亲或者母亲的孩子，去照顾她的孙子或外孙（孙女或外孙女），并试着让自己的孩子离婚。

这很常见。差不多所有离婚夫妻的孩子都经历过这档子事儿。他们之后会说起和祖母的紧张关系，或者两边家族之间的紧张关系。这比他们的父母再婚之后，不再互相抱怨时的关系要紧张得多。这在孩子心中留下了印记：孩子去父亲或者母亲家时，家族里的人会说他们母亲或者父亲的坏话，当然是说对方的，而不是自己这一方的坏话。

　　那么，回到主题上，那些被法官派去的人必须表明身份，说明他们是做什么的。如果孩子不愿意回答他们的问题，那是有道理的。他会说："不，我什么都不想和你说。"那就不要坚持。

问题：我想到一个具体的情景。一个妈妈当着她的孩子的面说："是的，我们将要决定你去哪里：是和我在一起，还是去你父亲那里。如果是去你父亲那里的话，我就不再是你的妈妈了。"这很过分啊⋯⋯

弗朗索瓦兹·多尔多：不，一点也不过分，她这么说完全有道理。如果孩子和他父亲一起生活的话，她就不再是他的妈妈了，但是她永远是他的母亲，是他的生母。这是完全不同的两个词。一个孩子永远有生母，但他的妈妈变了，因为他会和父亲的"朱丽叶"一起生活。他接下来的妈妈是父亲的"朱丽叶"，爸爸的伴侣，但是他的母亲永远是他的生母，是他之前的妈妈，他婴儿时候的妈妈。他之后会有一个父亲身边的大男孩时的妈妈。

　　我们可以有三十六个妈妈，爸爸也一样。就我所知，有的孩子会告诉幼儿园老师："我啊，我有三个爸爸。"幼儿园老师千万别不知所措，因为只有一个爸爸的孩子会很嫉妒有三个爸爸的孩子。老师只需要这么说："他有三个爸爸，但他像所有人一样，只有一个生父，也许他并不认识自己的生父。有时候会出现这样的情况，即我们中有些人不认识自己的生父。但是他们都认得一个爸爸，或者觉得自己有个爸爸。"

　　"爸爸"这个词是一个角色性的词语，完全不能代表现实、法律或遗传。有时是父亲在照顾孩子，因为在妻子早出晚归上班的时候，他们留在家里。有的父亲负责小婴儿的饮食起居，因为他们在家工作，因为他们失业了，或者因为他们在准备自己的博士论文，而他们的妻子不得不去工作——在绿房子里我们遇到过几例。那么，对于这些父亲，他们的孩子会叫他们"妈妈"，并且叫自己的母亲"爸爸"。

在我上电台的时候[1]——我不记得那期节目讲了些什么——当周就有三位父亲给我写信。他们很担忧地写道："是我在照顾我们家宝宝，现在他开始说话了，但我没办法让他叫我爸爸。他叫我妈妈，叫他母亲爸爸。"我回信道："问问你的孩子，问问你的女儿或者儿子，谁是先生，谁是女士。"这个时候，他们的回答准确无误："爸爸"是女士，"妈妈"是先生。

妈妈（mamma）[2]是个角色，这个词意味着那个来到我身上，使我成为我的人。"mam-ma"（妈—妈）很柔软，是通过消化道的食物，是柔韧的。而"pa-pa"（爸—爸）是离去时的难过，带着痛苦，看着这个人离去又归来。在所有的语言里面，离开都是一件艰难的事。"爸爸"这个词，意味着我们爱的这个人离开，又回来（有一个中断），"妈妈"则意味着连续性。生父是一个男人，生母是一个女人，但她并不总是妈妈。有不少的生母并不是妈妈，不少的妈妈比生母更有母性。她们扮演了妈妈这个角色，因为是她们在照顾孩子。[3]

---

[1]　在法国国际广播电台节目《当孩子诞生时》（1976—1978）中，弗朗索瓦兹·多尔多会回答匿名听众的来信提问。这些提问是关于儿童期的各种问题的。这些节目中的一部分内容以同名书籍的形式出版，分为三卷，由瑟伊出版社分别在1977年、1978年和1979年出版。

[2]　法语中"妈妈"的口语发音写作"mamma"。同样地，儿语中表示吃东西的拟声词也可以写成这样。——译者注

[3]　1979年，弗朗索瓦兹·多尔多用一整篇文章的篇幅来讨论亲属关系的词汇——"生父""生母"这些属于生命次序，以及保证孩子自恋统一的词语。她把这些基于法律和遗传现实的词语与"妈妈""爸爸"这些更多具有关系性的词语区分开来。这篇文章被收入《教育之路》（Les chemins de l'éducation，pp. 35-44）中。

你们肯定听到过"这个女人根本不是一个母亲"这样的话，这种推论非常愚蠢。她是这个孩子的母亲，对孩子来说，她是必不可少的，是好的。那些这样说的人错了，因为在他们自己儿时的记忆中，他们的妈妈是另一个样子。母亲和她的孩子是共存的。生母就是生母。她也许不是妈妈。确实，有的生母并不是她们孩子 0～3 岁时的妈妈，但是之后，在孩子 3～8 岁时，她们成了非常棒的妈妈。我们并不一定能应付所有年龄阶段的孩子。

　　你们应该了解这些对于孩子而言非常明确的词汇。无论哪位女性，当孩子找她要点心，她又给他的话，她就是个妈妈。无论谁照顾了你，让你免受伤害，那他或她就是你的妈妈。但生母完全是另一码事，孩子非常清楚他们只有一个生母，生父也是一样。生母生父就是如此，他们都和自己的生命一样值得尊重。

　　当一位母亲和孩子说"你会换个妈妈"时，我们就可以像上面那样清楚地告诉孩子。这是为了让孩子选择她的一种要挟。我们要这么说："别听你母亲的，她永远是你的母亲。哪怕你爸爸找到其他女士，你换了妈妈，你也只有一位母亲。"

　　如果你这样说，孩子马上就会明白，并且会去安慰母亲。他说："你知道吗，我想和爸爸一起生活，但这并不意味着我会忘了你。"母亲大哭一场就好了。但是目前，对很多愿意和父亲一起生活，父亲也愿意接受他们的孩子来说，很可惜的是，我们会让孩子和母亲一起生活，特别是五岁以上的男孩子。哪怕是女孩子，如果他的父亲已经和另外一位女性生活在一起，我们也常常把她们交给母亲。对孩子来说，重要的是让他在原来的环境中继续他的社会生活。实际上，孩子需要待在他开始社会生活的地方。当父母分别要去不同的地方时，应该让男孩子跟着父亲，去学习如何成长为男人，而让女儿跟着母亲，去学习如何成长为女人，特别是父母双方都能够重组家庭的话。和一个不再重组家庭的人一起生活，对孩子来说是很危险的。

所有这些都是和法律相矛盾的，因为父母在分开的过程中，如果其中的一方带着自己的孩子和未来的伴侣(即目前的情人)一起散步的话，这一方就是有过错的。这很愚蠢，因为与一个有女人的男人，或者有男人的女人在一起，孩子更加有安全感。法律与对孩子有好处的事情是相互矛盾的。[1]

离婚的父亲有了一个女人，他们在一起却并没有结婚，这时，我们得给孩子一些说法，解释什么是"未婚妻"。孩子能够理解有意义的话语。"她是一位未婚妻。"如果是未婚妻的话，孩子们就可以原谅他们接吻，他们睡在一起，他们用"你"[2]来

---

[1] 参见第97页及之后。关于父母分离的问题，可以参考 *Quand les parents se séparent*(《当父母分离时》)，Le Seuil，1988。这是由伊莎司·安捷利诺对弗朗索瓦兹·多尔多所做的一个长篇访谈。访谈的内容关于离婚之前、之中以及之后家庭中的危机，以及用"为了孩子好"的名义，给孩子带来的痛苦和隐而不言。弗朗索瓦兹·多尔多对于这样一个家庭神经症问题的建议，基于的是她丰富的临床经验。对相同主题的思考，我们同样可以在《教育之路》(*Les chemins de l'éducation*，pp.213-228)中找到。

[2] 在法语中，一般使用敬称"您"称呼对方，只有在关系非常亲近的时候才会使用"你"这个词。——译者注

称呼对方，他们手牵手；但如果不是未婚妻，孩子们会质疑"她到底凭什么扮演我爸爸妻子的角色"。未婚妻就可以。然后，如果每半个月就变一个的话，孩子会想："爸爸经常换未婚妻。"

问题：那些做人工授精的医生有个原则，觉得永远不应该让孩子知道自己是人工受孕的，您怎么看呢？

弗朗索瓦兹·多尔多：那么当孩子提问的时候，他们觉得应该说些什么？

回答：就说孩子是妻子的先生的。目前在法国，第三方人工授精只面向已婚夫妻，以后情况可能会不一样。

弗朗索瓦兹·多尔多：这样啊，你说的是已婚夫妇。当然，只有一个父亲，就是那个法定的父亲。母亲怀孕九个月，已经是母亲了，但人工授精那一刻的父亲并不是父亲。他是法定父亲的人类弟兄，是他把自己的精子捐给了这位父亲。无论如何，如果孩子因此出生，这就证明他愿意在这样的情况下出生，虽然他自己可能都不知道。他选择在这样的情况下出生，一开始就有一个盼望着孩子出生的法定父亲，和一个尽管生理不孕，但被自己的伴侣爱着的、盼望着孩子的法定母亲。

确实，他是父亲和母亲的儿子，这位母亲希望给法定父亲，给她的丈夫生个孩子。在丈夫同意的情况下，她接受了另一个人的精子。

我相信，除非没有人知道——这是有可能的，但如果父母之外的某个人也知道这一点的话，孩子有一天会因为别人的恶意了解到这件事。因为总是有嫉妒，特别是在孩子有所成就时。如果孩子没什么作为，没有人会把这件事情告诉他，但是如果他有所成就，就会激起嫉妒，有人就会告诉他。就是考虑到这一点，等到孩子因为听到有人这么说而提问时，我们最好这样回答他："既然你提了这个问题，那我就会告诉你。是的，你看这个精子的捐赠者是多么慷慨，同样，你父亲是多么慷慨。他不能生育，但为了不伤害你母亲想有孩子的欲望，他同意她要一个孩子。然后，你就出生了。本来，你是不会出生的。既然你出生了，就表明你同意这一切的发生。"当孩子怀疑并提出疑问时，我们不能撒谎。我们可以向他解释。至于怎么和他说，周围的人能起很大作用。如果谁都不知道的话，那就另当别论了。

[回答：父亲和母亲知道，他们始终背负着这些。]

弗朗索瓦兹·多尔多：完全不是这样的！甚至有些收养了孩子的父母，他们也会完全忘记自己的孩子是收养的。当我们有了孩子，我们会觉得自己一直有孩子，好像自己刚认识丈夫时就有孩子似的。这是一个非常奇怪的现象：必须回忆具体的日期，我们才能想起来那个时候孩子还没出生呢。我们每个人都有回忆和经历，这些都已经融入我们下一代了。大家难道没有注意到，我们的想象这个奇特的过程吗？这非常普遍：我们很难想起，必须一年一年地数，这说明在我们的孩子出生以前，在不知不觉的情况下，我们就已经是父亲和母亲了。

那么，对被收养的孩子来说也是一样的。这些父母非常期待这个孩子，通常在领养这个孩子很久之前，他们就已经是父母了，是欲望的父母。我觉得，当和孩子一切都进行得很顺利的时候，这些父母就会忘了这一点，特别是当孩子在出生几天后就被收养，或者在刚形成胚胎时就被收养。在一个父亲通过代孕母亲得到孩子的情况下，或者在一个父亲领养了他的妻子与另一个男人——精子捐献人或者是情人——的胎儿的情况下，父母也会忘记这一点。

只有在孩子出生以后，一个父亲才真正成为父亲。完全不是性行为让一个男人变成父亲的。一个男人希望给自己的妻子一个孩子，让她快乐，因此，他会同意进行人工授精，或者承认妻子和情人所生的孩子。这一点很重要，因为孩子有可能知道他的父亲是不育的，必须让孩子知道不育和阳痿的区别。这对孩子来说，并不是那么显而易见，因为绝大多数的孩子相信，如果他们的父母有三个孩子，是因为他们做了三次爱。要和他们解释事情不是这样的：他们经常做爱，时不时会怀上孩子，但只有三次，这对夫妇决定生下孩子。

到了他们知道自己是被收养的时候，孩子才能看到不育、阳痿和父母没有性关系的区别。这些都需要解释给孩子听：父母是有性关系的，但是这样的关系没有带来一个孩子；孩子不愿从他们性的交合中诞生。应该把这些告诉孩子。孩子能听懂这些话，它们很纯洁，清楚地说出了要说的东西。

谈了人工授精之后，我还是想回到对离异父母的孩子的调查上来。

在高管阶层这边，问题来自母亲获得监护权之后社会地位的突然转变。她们之前没有工作过，现在为了生活，不得不放下身段去上班。突然，这些和母亲待在一起的孩子发现母亲和以前不同了，因为她现在工作了，这成了一个问题。对某些孩子来说，这让他们不能继续学业，因为母亲没有那么多钱来支付学费，而处于"中年危机"（démon du midi）①的父亲离开了，这恰恰是因为进入青春期的儿子或者女儿，让他重新燃起了自

---

① "démon du midi"直译为"午间的魔鬼"，词源源于圣经《诗篇》91：6："也不怕黑夜的瘟疫，或是午间灭人的毒病。"可以理解成恶魔将人推向生命中间时段的放纵。——译者注

己青春期的欲望。

这就是这个年纪离婚的问题所在。在高管阶层中，情况经常是这样。离婚的母亲失去自己的社会地位，被迫接受一份只能糊口的工作——因为她们完全没有谋生的技能，或者为了养育孩子而放弃了之前的工作，是她们的丈夫在负责家用。一转眼，她没有了独立生活以及养育这些大孩子的经济条件。

问题：能再解释一下您刚才提到的一句话吗？您说一个孩子和没有重组家庭的父母一方生活是很危险的。

弗朗索瓦兹·多尔多：是的，因为就像所有的小孩子一样，孩子会认为该由自己去安慰和填补保持单身的父母情感和性生活中的空洞，尽管他的父母完全不是这样，因为他们离婚是为了可以重新来过。但孩子觉得父亲或者母亲为他做了牺牲（按照父母的说法），这对孩子来说很悲惨。事实上，父母完全没有做出牺牲，他们不过是为自己成年的抑郁状态找了个理由，说："为了不给孩子带来困扰，我愿意牺牲自己。"

有的母亲会问："如果我再婚的话，你会怎么做？"

"啊，那我就再也不见你了！"

"真的吗？真的吗？"

因此，为了不让孩子难受，恰恰在这个她们觉得要重新做个女人的时候，她们把自己变成虔诚的信徒。她们觉得这样说会让孩子"遭受创伤"："听着，不想见我就不见吧，但我不是一个孩子了。在我这个年纪，我需要让一个男人快乐。一个男人需要一个女人，一个女人也需要一个男人。如果你不满意，我就想办法，给你找一所好的寄宿学校。"就是这样。

此外，这时如果这个孩子足够幸运，遇到一位聪明的医生的话，后者会这样告诉他："你晓得的，你没有必要非留在你再婚的妈妈家不可，你还可以上寄宿学校。"

"我更愿意和她住在一起。"

"这样的话，你就要努力去讨人喜欢，别说三道四的。当你处理不好和继父的关系时，你可以来找我。如果你想改变监护权，去你爸爸那儿的话，要知道他已经再婚了，马上会有个宝宝……"

"这样啊，那还是不去的好。"

"那你就安静点。之后再来看我，我们看看进展怎样。"等等。

在这种情况下，旁人可以提供很多帮助。不能看着孩子退行，从而让母亲在找伴侣时因"让这些可怜的小家伙们感到痛苦"而内疚。十年以后，这些孩子会付出很高昂的代价。我们在这些高管的孩子身上看到了这一点，他们会这样说："我不会离开我的母亲。我会找一个不用离开母亲的工作，因为这个可怜的女人为我们付出了多大代价啊！"或者，他们会说："如果我上班的话，我就可以照顾她。我绝不结婚，男人都是混蛋！"

在高管而不是在工人的孩子中，我们看到了这种让下一代感到内疚的后果。

问题：在您刚才谈到的离异父母一直单身的情况下，除了建立一种新的夫妻关系之外，我认为这种情感的超载也可以通过别的办法来解决，也就是说通过对日常的"我"的分享。重要的是孩子觉得虽然妈妈在忙别的，哪怕不是为了组建一个家庭，但是她没有为他"牺牲自己"。

　　弗朗索瓦兹·多尔多：当然，哪怕不是为了组建一个家庭，她也应该和同龄人有来往。孩子是她生活的一部分，而不是全部。

问题：我能对一个在咨询时癫痫发作的女孩子多说点什么呢？

弗朗索瓦兹·多尔多：你要求的这个东西叫作督导①。我们不能在这里做督导，而且，不一定需要有规律地做督导。在和孩子的心理治疗中遇到困难的时候，为了更好地理解孩子癫痫发作时自己的焦虑，我们可以偶尔找一个精神分析家做两三次督导。

我认为，跟孩子谈他的"发作"是危险的。谈论这个小女孩的癫痫发作，就好像有一个人整天观察她，并把她的癫痫发作用话语说出来一样。这不是心理治疗。心理治疗意味着："你所有的表现都是为了告诉我一些东西，我尝试着去理解它们。"重要的并不是她表面上做的事情，而是她通过行为想要告诉你的东西。如果你去督导师那里，他会帮助你理解是什么让你失去了心理治疗师应有的状态。我们并不是要谈孩子的表面行为，而是谈论她的欲望，以及她为什么要和你交流。否则，她就会紧张并发作。因为在这种情况下，你的欲望不再是通过了解并告诉她你自己的感受来倾听她。我不能回答你的问题，因为你不能在这么多人面前告诉我你个人的情感因素。这关系到你和这个孩子潜意识的相遇。

---

① "分析家在其培养过程中所进行的精神分析：他定期向有经验的分析家报告，后者指导他理解与执行治疗，并且帮助他意识到其反移情。"参见[法]尚·拉普朗虚、尚-柏腾·彭大厉斯：《精神分析词汇》，沈志中、王文基译，377页，台北，行人出版社，2000。——译者注

问题：似乎对孩子来说，说"我"，如同一道光。①

---

① 如同多尔多所言，这句话来自康德《实用人类学》一书，原文是"很明显，已经能相当完整地说话的儿童却很迟（大约一年以后）才第一次开始用'我'来说话，在这么久的时间里他却用第三人称来称呼自己（卡尔要吃，卡尔要去，等等）。而当他开始用'我'来说话时，对于他就像是升起了一道光明……"参见［德］康德：《实用人类学》，邓晓芒译，3～4 页，上海，上海人民出版社，2005。——译者注

弗朗索瓦兹·多尔多：这句话，是康德的语录。确实，当孩子开始说"我"的时候，我们需要知道这个"我"意味着什么。当一个孩子说"我"，他可能是想说"我（je）—我（moi）"①，而不是说"我（je）—我（je）"，因为很多孩子，比如说在非洲国家，说"我"的时候是站在他们母亲的位置上说的。去过非洲的人告诉我，那些非洲的孩子，至少在他们见到的那些族群里，从来不用"托托"或者其他一个名字来指代自己，他们一开始就说"我（je）"。但这个"我（je）"不是他们自己，是"我—妈妈（Je-ma manman）"，是这个人在说话。这是融合在一起的，身体连着身体，断奶前与母亲日夜不分离的"我（je）"。所以，他们的"我（je）"是和母亲连在一起的。

我们要警惕表示"我"的这个字眼，这个"我"不是已经与母亲分离的"我（je）—我（moi）"，也就是说是"我（je）—我（moi）"而不是你。这是完全不同的。我们必须听出其中的不同之处。那些说"我（moi）"但却用第二人称或者第三人称动词变位的人，说的并不是"我（moi）—我（je）"，而是"我—妈妈（Je-ma man-man）"，我—另一个（作为其中一部分的那个我）。

---

① 法语中，"我"作为主语时写作"je"，作为宾语时写作"moi"。——译者注

问题：您可以和我们说说从第三人称到第一人称的过渡是怎样完成的吗？

弗朗索瓦兹·多尔多：要注意，孩子从不会用第三人称来指示自己，这个是成年人的错觉。孩子会用第二人称来说自己，只不过我们没有听到罢了。当他说"我（moi）做这个，做那个"，或者用不定式来说"做那个"，这有时候是"我（moi）"的开始。用不定式，意味着"自我—我（moi-je）"没有和其他人分离，"自我—我（moi-je）"则是说其他人像"我（moi）"一样。但是当他说"托托不想要这个"，其实是在说"托托，你不想要这个"。至于证据，你们每个人都有。你们这些治疗孩子或者看着孩子发展的人会看到，他对你们说"你想要"，是在说"我想要"。因为他们就像成年人一样，在讲他们想要与之说话的成年人所欲求的那个东西。当他们说到自己的时候，我们懂得语法的耳朵把它听成第三人称，实际上，他们是用第二人称说自己的。在从第二人称到"我（je）"的过渡过程中，孩子会多次重复说"我，我，我（moi，moi，moi）"，这些"我"首先是"我（moi）—我妈妈"，或"我（moi）—我爸爸"，或者"我（moi）—我兄弟""我（moi）—我姐妹"，我（moi）—另一个和我连在一起结成对子的人。

之后，就是独自的"我（moi）"，它会变成"我（je）""我，我（moi，je）"。这个过渡需要一个过程。当他们能够放开确保他们身份的监护人独自走向他人时，他们就能够使用意味着"我"（je）的"我"（moi），而不害怕失去存在的安全感。

我不能在此解释象征和想象对于孩子的区别。对孩子而言，是想象导致了象征。对他及其同伴来说，想象曾是真实的，无论是哪些同伴：他的狗，他的猫，一个人，他的玩具，他的毯子或者奶嘴。象征是他和所有人在语言中的真实。这和想象不同。

　　这里我没办法进行更详细的论述了。

**问题：您给那些还没有语言的孩子做精神分析……**

弗朗索瓦兹·多尔多：虽然没有口头的语言来表达自己，但是他们有语言。没有语言的话，我们没办法对孩子做精神分析。

**问题：对一个还不会说话的小孩子来说，话语本身有何价值？**

弗朗索瓦兹·多尔多：我们和他们说很少的话。我们和他们一起"在"他们做的事情里面。"在"，这是一些我们用来表达自己的话语。事实上，这不是一些"他们能理解含义"的话语，而是一些对我们来说由意义明确的字典里的词汇构成的话语。

在和成年人的分析中，有一些晤谈是在完全的沉默中进行的。同样地，面对孩子时也会出现这种完全沉默的晤谈。这是一种话语的沉默，其中却充满了活力与交流。①

---

① 弗朗索瓦兹·多尔多赋予病人的沉默以不一样的重要性，也许特别是和青少年的治疗。参见 un colloque sur éthique de la psychanalyse（"精神分析的伦理"大会）(1982)，actes édités par Evel，pp. 140-149。

问题：分析工作难道不更多在潜意识与潜意识的交流层面上进行吗？

弗朗索瓦兹·多尔多：是的，完全正确，精神分析是在潜意识与潜意识的层面上进行的。注视的方式也是语言。目光也是一种心灵间语言的交流。

问题：和孩子的身体接触呢？

弗朗索瓦兹·多尔多：触摸吗？不，在一个分析性的心理治疗中，绝对不要去触摸孩子。在教育中，这是可以的。可以让孩子触摸你，但要用话语说出你感受到的这样一种身体动作所蕴含的意义，这也许是孩子不敢说出来的。

问题：语调呢？

弗朗索瓦兹·多尔多：为什么不呢，如果我们可以通过语调来表达什么的话。

问题：它们甚至比话语本身还重要？

弗朗索瓦兹·多尔多：不，话语有一个非常重要的象征层面的意义，但我们不一定要总是去说话。有一句非常重要的象征性的话："不，这不是真的。"当孩子在假装做一些事情的时候，我们要说这句非常重要的话。当孩子做假的时候，我们能轻而易举地看到他进退两难。例如，有个孩子进来，然后又想走。你可以看到他既想留下，又想离开。"说你不想走也许不是真的，但是你不想留下来，这却是真的。"孩子进退两难，我们要让他们理解自己的矛盾情感。我们可以告诉他："你既想又不想。你像变成了两个人一样，一个人想，另一个人不想。"在生活中，经常会这样，甚至成人也是这样。孩子能很好地理解这一点，有一个矛盾的欲望，这是合情合理的。

　　比如，在一次分析晤谈中，已经和孩子说了、做了很多，如果在游戏的过程中，他突然不玩这个游戏而转向另一个游戏，我们可以和他说："你之前喜欢刚才玩的那个游戏。不过，好像它让你想到了什么危险的东西，所以你停下了那个让你开心的游戏，去玩别的了。"孩子八九个月大的时候就可以听懂这些了。

　　当一个孩子还很小时，是由在场的像母亲一样照料他的那个人来触摸他的身体，进而解释我们说的话的意义的。例如，"用你的右手，用你的左手"。然后，我们和那位照料他的人说："让他看看他的右手在哪儿，让他看看他的左手在哪儿。"分析家不应当触摸这个孩子，这应该由有权去触摸他身体的人去做，但这个人却并不知道要告诉孩子他的身体图示[①]。

　　我们意识到正是这一点让孩子不适应他的年龄阶段，因为必须有人，一个负责照顾他的人教给他他的身体图示。

　　我没办法给大家讲解所有儿童心理治疗的细节。不过你刚才说的是有道理的，这是一个潜意识与潜意识的交流。但是精神分析家的目的是让那些阻碍了孩子作为主体交流的潜意识内容进入前意识，继而进入意识，这一主体是和一具与主体一道成为自我的身体结合在一起的；不过他必须经过和他者的交流，而这个他者就是他的"你"。是曾经的或者现在的法定监护人来成为他的第一个"相对于我的你"，这个能够结构化孩子日常现实的"你"，而不可能是精神分析治疗师。

---

　　① 身体图示的概念在弗朗索瓦兹·多尔多的理论建构中，是和（潜意识的）身体意象相对立的，对立在于将意象和图示的特征进行辩证划分。因此，身体图示不是身体意象。参见 *L' Image inconsciente du corps*（《无意识身体意象》），pp. 17-34。

问题：在决定监护权归属之前，法官是否需要询问孩子的意见？

弗朗索瓦兹·多尔多：如果法官周围有人能够告诉孩子"我们正在研究父母分开的方式"，那就太好了。因为特别是现在，父母常常向孩子隐瞒他们要离婚的事，通常他们并不争吵。不幸的是，法官更希望父母在同一个律师那里达成友好协议。事实上，他们达成协议是为了给予对方自由，但却是背着孩子进行的。他们从来没有提前告诉孩子他们的经历和决定。这样做的后果非常严重。

在佩乐缇女士当家庭部部长的时候，我们做过一个重要的工作。[①] 在她的倡议之下，我们成立了一个委员会，其中有法官、律师、精神分析家和社会学家。我们一起工作了八个月的时间。我们与所有的离婚家长协会以及被遗弃妇女协会都有合作。通常，在有第三个或者第四个孩子的时候，男人就会抛弃他们的妻子，因为要养活一家人，这太贵了！他们就这么跑掉了，逃避掉所有的物质困难。对那些妻子来说，这样窘迫的生活难以为继；一个不再管孩子的丈夫，一个没有地址、没有固定工作的丈夫，一个只在与家庭相关的官方文件需要签署的时候才会出现的丈夫。

我们发现了一些对孩子而言料想不到的困境。社保家庭补

---

① 1980 年 6 月，莫尼克·佩乐缇作为家庭与妇女事务部的部长，发起了一个由专业人士以个人名义参与的研讨小组，这个研讨小组的目的是弄清儿童监护权的现状，以及让更多的人（父母、律师、专家、法官）关注他们的决定会给离婚进程及离婚后的生活带来什么样的影响。在这个研讨小组中，弗朗索瓦兹·多尔多是心理学家、精神科医生、法官和高级官员之中唯一的精神分析家。该研讨小组在 1981 年 3 月至 4 月发表了关于轮流监护权的报告。

助金给这些女性提供了一些帮助。将来，这可能会让男孩子变成犯人，让女孩子变成娼妓，这样做就像是为了挽回父亲的名誉，不想再让他花一个子儿。为了挽回有过错的父母的名声而过得和他们一样，这对他们而言很重要。他们因此饱受痛苦，并会重复这样的行为。孩子自己去做一些不负责任的事情，这在某种程度上是为了消除父亲的负罪感。

我认为法官应该问问孩子的意见。通常，无论能否和父亲或母亲融洽相处，孩子都非常清楚自己更希望在哪里（或者说和谁）生活，因为很多孩子希望留在原来的地方，留在原来的学校。我敢肯定，很多孩子到了八九岁以后，为了能够留在原来的学校，留住原来的伙伴和朋友，更愿意在他们熟悉的社区找一个寄宿家庭。从社会的角度来说，这样对孩子更好。

但是，时间上的分配非常困难。我们好像认为值得被称赞的那方应该获得监护权。完全不是这样，应该是最稳定的那方，有些情况下是更有钱的那方，或者是有家庭支持的那一方获得监护权。法官有很多的理由来决定父母哪一方应获得监护权。法官应该亲自给孩子解释，或者无论父母在场与否，都由一个能代表法官的人来解释。因为和切身利益无关，一个家庭之外的人能解释得更好。

这是一个为了尽可能少地争吵而做的裁决，但是无论如何，这都是法官寻找的一个实际生活的解决办法。这既不是为了损害谁，也不是为了判定哪一方更有理，而是法官为了实际生活而寻求的一个解决办法，尽管获得监护权的一方通常会想尽办法证明自己在法官眼中更有价值。问题不在这里。我们希望这个裁决能给孩子带来最大的稳定性。有没有监护权，这是一个假问题。况且，我觉得，和只能在假期见到孩子的家长相比，获得监护权的家长，也就是说获得大部分时间的人，通常只有更少的时间来照顾孩子。正是在假期，人们进行了最好的教育：平时孩子要上学，父母要上班，大家匆匆忙忙地生活，连说话的时间都没有。假期里，在父母和孩子一起闲下来玩耍的时候，大家就有时间说话，说一些真正重要的事情。如果想要获得孩子的监护权，只是为了争吵说"啊，是我更有价值""不，我更有价值"，这完全没有任何意义。但是要让人们明白这一点得花几十年时间！

在离婚这件事里，没人有错：这只是一个不幸。有时候，最小的不幸是离婚，而不是没有爱、没有欲望、没有友谊、没有共同兴趣爱好地生活在一起。

问题：当父母不和却继续生活在一起时，我们该和孩子说些什么？

弗朗索瓦兹·多尔多：我认为，这非常容易。孩子们可以觉察到父母的不和，但却不愿意相信自己的直觉或观察。如果可能的话，要让父母一起给孩子解释他们目前的状况，告诉他说他们已经给了对方自由，爱的自由，可以晚上不回家，可以不在家。他们不再在一个房间里睡觉，而是有各自的床。这些必须用非常简单的词语解释给孩子听。父母不再相爱，之所以不再睡在一张床上，是为了不再冒险怀上一个孩子。他们的爱已经不像他们订婚、结婚时那么强烈了。或者，采用另一种可能的说法："你的爸爸妈妈不再爱着对方了，但无论是他还是我，我们都从不后悔你的降生。"

孩子们能理解相爱的人，就如同他们能理解那些分开的人一样，但是得用一些话语告诉他们。"他们不愿意再睡在一张床上了，因为当大人们睡在一起的时候，他们可能会有性的交合，然后就会有孩子出生。他们不愿意再成为一个孩子的父母了。"从肉体现实上看是这样，在想象和象征层面更是这样。"你的父亲也许会和另外一个女人在一起，再度成为父亲，我呢，我们现在不再爱着对方了，他让我有了去寻找别的男人的自由。也许有一天，我会遇到一个男人，就像他会遇到一个女人，然后你就会有一个弟弟或者一个妹妹，但我会及时告诉你的，别担心。我永远是你的母亲，他永远是你的父亲。"

就像这样，我们可以把我们的打算对孩子说得一清二楚，一对不和的夫妻就这样被解放了。每一方都有这个（无论合法与否）伴侣之外的生活，每一方都有自己的打算，无论它们实现与否。对孩子来说，一对夫妻是打算生孩子的，或者打算一起创造点什么，而孩子的出生是其中一个特例：生孩子是一种特殊的创造。那些不和睦的父母不再有生孩子的打算，但出于经济上的考虑，他们可能被迫继续生活在一起，共同经营一间商店，在同一个地方工作。必须向孩子清楚地说明：他们不再相爱，但他们还是商业上的合作伙伴，他们并不是完全不和。他们不想离婚，但他们不再相爱到想生孩子。

对孩子来说，有些情况会带来无尽的争吵，这不仅仅指离婚，同样包括一个男人成了鳏夫然后又结婚。一个十六岁的女儿觉得父亲再婚是对她死去的母亲的欺骗，备感伤心。父亲和子女之间一直不和睦，有时正是父亲鳏居以后再婚或者合法同居的结果。这给孩子带来了巨大的损害，因为父亲没有明确地对每个人说："你知道吗，你的母亲已经去世了，但这并不是我要对所有女性都无动于衷的理由。你不能变成我的妻子，我像爱女儿（或者儿子）一样爱你，但是对我来说，尝试去重建一个家庭是完全正常的。"有些年纪很小的女孩子真的认为，她们的父亲在母亲去世后一两年内就再婚是一种"犯罪"。难道她没像母亲那样做好家务，没有管好弟弟妹妹吗？她们认为父亲完全没有理由，也没有必要再找一个女人。

这些年轻女孩由一个经年承受痛苦的母亲带大，一直很幼稚，并且忽略了性的欲望。她们通常会模棱两可地说："我们相爱，因此我们就待在一起。"她们完全没有考虑过成人在寻找他者的过程中所体验到的性的驱力。在没有明确表达，没有明确的乱伦观念的情况下，她们希望自己的父亲像和尚一样生活，因为她们的母亲去世了。带着照顾父亲一生的责任，女儿奉上美食和爱，让无性的父亲享用。

我想到了一位因为父亲再婚而和他闹翻了的年轻女士。她离家出走了。父亲告诉她："听着，留在这儿，这个女人（他新的妻子）不会吃了你。你正在考职业资格认证，拿到手以后你就可以走了。我会帮你的，不要为了这个搞砸你的学业。她不会像你从你母亲那里学来的那样持家，但我已经很满意了。不值得为了这个搞砸你的人生。"结果无济于事：她去了已婚的大姐家。自然地，该来的总会来。她的姐姐刚生了孩子，姐夫就说："你看，我好无聊啊，你姐姐也很忙。如果你愿意的话，也许可以到我床上来。"她从姐姐家离开，完全被吓坏了，因为姐夫就是个"混蛋"，而之前她以为他是个好人。这是一个没有任何自我保护能力的孩子：对性极度无知。之后她为此付出了十年失败的青春。

你们看，这是一种教育的失败，这是一种周围人教育的话语的失败。父亲在最开始鳏居时没有及时和她谈一谈，从而引发了这样一种模棱两可的局面。

这位女士写信告诉我她的全部经历，我和她在电话里聊了聊。她完全就是个小孩。很自然地，度过几年孤单时光后，她被人追求，然后结了婚。但这完全是个悲剧。她根本不知道自己在做什么。订婚后，她过了几个月保持贞洁的生活。她的未婚夫想和她做一些她的父亲与某位女士，以及她的姐夫想和她做的事情，她说："你不爱我了吗？你是个好色的人?"那时离他们的婚期只有几周的时间。婚后也是经年累月的不牢靠。现在她女儿都十岁了，她才发现自己像是个十岁的孩子。发现女儿喜欢男孩时，她完全陷入恐慌之中。她想知道自己是不是变态，所以给我打了电话。

我们面对的这个情境是一个受到创伤的童年的后果：她的母亲从她刚进入青春期起就身体机能衰退，没能引导她接受父亲在自己去世之后会再婚，而她要继续自己的生活这件事。这位母亲完全没有帮助孩子做好准备。母亲得病四年以后，这个女孩才知道那是不治之症。之前，没有任何人告诉她。

问题：父母身患重病时需要告诉孩子吗？

弗朗索瓦兹·多尔多：当然得告诉他们，也要让孩子对于他们最终可能离世做好心理准备。要让他们尽可能地变得成熟。这是他们的命运，要让他们学会接受这种命运。"你母亲得了一种很严重的疾病。我们希望能治愈她，但并不确定。你只要还有母亲，就好好地从她身上了解一个女孩应该了解的一切吧。告诉她你知道她病得很重，和她谈谈。"当这些母亲能够和她们的孩子真正谈论自己的疾病的时候，她们会感到非常宽慰。特别是临近死亡时，母亲会非常焦虑，因为她害怕没有把自己知道的一切告诉女儿，父亲对儿子也是这样。必须帮助孩子做好心理准备，应该有一些关于未来愿望，或者母亲希望女儿、父亲希望儿子将来走的道路的深度交流。一旦他们不在了，孩子就会感到冥冥之中父母的帮助将驱使着他的生命走向和另一个人的愿望并不冲突的方向，尽管这个人在自己儿子或者女儿成为年轻的男人和女人之前已经不幸去世了。

我之前谈到的那个女性将母亲的欲望印刻在自己的记忆中，一直像个不知道怎么生活的孩子，实际上她非常聪明，通过了职业资格认证，生活条件也很好。但直到现在，她的情感经历也并不比一个年轻女孩更多。她十岁的女儿都会超过她，而且是以一种野蛮逃逸（离家出走）的方式，因为这位母亲不知道及时用语言将这些传授给她。

如果她能做一个精神分析，她的女儿就会在父母家找到安全感，特别是感到自己有权爱自己的父亲。因为在这种情况下，一个男人就会存在。"哦，你知道吗，"那位母亲告诉我，

"我们就像是分开生活一样，互相不碰对方，除了偶尔有那么一次，因为我对性生活没什么兴趣。"然而，父亲在家里是存在的。"我不想要别的孩子，因为有这个已经够复杂了。"（我们会问为什么?! 她是不是嫉妒女儿和自己丈夫的关系?）

可以肯定的是，如果这位女士做一个心理治疗，不久她就会变得正常。如果她和她的丈夫有第二个孩子的话——这完全是正常的，就会让她的女儿好过很多。女儿就不会试着"逃逸"，并且在不能承担责任组建家庭的情况下，去冒有性经验甚至早孕的风险了。

问题：生命初期在育婴箱中的经历会对孩子产生什么影响？每天下午和母亲接触对孩子来说够吗？

弗朗索瓦兹·多尔多：孩子还在育婴箱中的时候，只要母亲每天都去看他，这就足够了。如果可能的话，给他喂奶会更好。透过育婴箱，在充满育婴箱运转噪音的寂静中，孩子会透过育婴箱直觉地感受到母亲的在场。他感受到有一个人出现在他面前，这个人有强烈的与他交流的愿望。当婴儿离开育婴箱的时候，我们要告诉他我们和他分开了好长一段时间，告诉他，在他待在育婴箱里的时候，他的爸爸妈妈像他一样，因为和他分离而感到痛苦。

生命之间的桥是由语言搭建的。显然，在孩子还小的时候，母亲不能长时间地处于沮丧之中，否则，她就不能一天天地和孩子建立起一个彼此连接的关系。只要没有一种完全的分离，而是相反，存在一种日常的爱与交流，育婴房和暖房就都是一些美好的生命开端。因为如果母亲完全重新开始以前的生活，两个月后，当我们突然把孩子交还给她时，她已经完全不需要、不想，也认不出这个孩子了。这会对婴儿和母亲造成真正的创伤。

这就是你们作为社会工作者、护士需要了解的东西。你们要帮助这些母亲，陪伴她们，在她们身边待一段时间，因为通常在看到孩子留在育婴箱里，不知道怎么和孩子沟通时，她们会很消沉、沮丧。要这样告诉她们："他可以感受到你在这儿！和他说说话，他会感受到的。"我不知道这是怎样发生的，但是孩子的确可以感受到。

**问题：我们应如何理解孩子懂得语言这件事？**

弗朗索瓦兹·多尔多：我不知道，但这是真的。他懂所有的语言，即便一个中国人对他说中文，一个阿拉伯人对他说阿拉伯语，一个法国人对他说法语，他也都能明白。他明白所有的语言。也许他通过直觉理解了我们对他说的话，也许这是一个灵魂和另一个灵魂之间的交流。他是有知性的。

在育婴箱里，孩子不是用他肉体的耳朵听到母亲在场的。他有一种觉察她在场的知性，这和他在母亲子宫里所体会到的母亲的在场是一样的。他待在她的子宫里，她是他的母亲。当当他待在育婴箱里时，为了他和她自己来看他、爱他的那个母亲，同样是他的母亲。身体不能在一起的时候，他们的心是连在一起的。

相关机构的工作人员需要帮助这位母亲不要消沉。他必须能对这位母亲说："别担心，你在这儿非常重要，哪怕你听不见他。对他而言，他妈妈每天都来看他。当他出来的时候，你就会看到，他完全是你的，他会因为和你更靠近而感到非常高兴。"等等。确实，当一位母亲因为过于痛苦不能来看自己在育婴箱里的孩子时，我们会告诉她："听我说，他在那儿很好，过几天再来吧。"我们通常觉得最好让她避开这种体验，然而这样做非常糟糕。应该让她面对这个不幸，并且帮助她面对这个不幸。尽管存在隔离，但是和孩子的象征性联系是可以透过玻璃建立起来的，而且这非常重要。孩子也在受苦，但他并不孤单，对不幸的分享是有所帮助的。

问题：您怎么看我们建议养父母告诉他们的孩子，他们不是他真正的父母？

弗朗索瓦兹·多尔多：很可惜我们建议他们这样说，因为他们是真正的父母。"真正的父母"并不意味着什么。有一些真正的亲生父母，和一些真正的法定父母。所有的父母在某种意义上都是真正的父母，但是有的亲生父母并不是"真的"亲生父母，因为在怀孕期间，甚至在生产以后，他们都在排斥孩子，他们拒绝"了解"和"承认"孩子。

我们要用"亲生"这个词。孩子能够明白。他理解"奶瓶"这个词，尽管他还不知道这是什么！渐渐拥有话语经验之后，他就知道了，知道"奶瓶"是这个热热的一端有奶嘴，并且能够让他吃饱的瓶子。[1]

需要和孩子说准确的词。有一天，他会明白"亲生"这个词是什么意思。在孩子明白这个词的意思很久之前，我们就应该和孩子说这些词语，这非常重要。

永远不要和孩子说"这不是你真正的父母"，而是说："这是你的养父母，你是他们的养子。他们和你一样：你是被（他们）收养的，他们也是被（你）收养的，因此他们是你真正的养父母。你不认识的父母是你的亲生父母。你的生母孕育了你，但她没能抚养你，而是把你委托给了收养者。她把你健康而平

---

[1]　弗朗索瓦兹·多尔多认为，这是语言在孩子身上建立方式的具体展现。经由听到和觉察到的词语以及与之相连的兴奋的交汇，就有了一个对于主体来说奠基性的所指和能指的相遇。这就是构成弗朗索瓦兹·多尔多语言以及语言形成理论的基本元素之一。参见 L' Image inconsciente du corps（《无意识身体意象》），p. 44。

安地带到这个世界上，让你足够坚强，因为你从你们的分离中幸存了下来。"

重要的是养父母要表达他们多么感谢孩子的亲生父母。这是一些常被忽视的事，一旦养父母做了这些，孩子就会象征性地将养父母和亲生父母完全连在一起。"我多么感谢你的母亲把你带到世上，并给了我能够将你带大的欢乐啊。尽管出于各种我不知道的原因，她和你的父亲不能把你留在身边，但无论如何，他们让我们有了这么漂亮的孩子，这给了我们多大的快乐啊！你这么出色，他们肯定也非常出色！"

透过这个孩子，养父母收养的是他的亲生父母，但他们自己对此一无所知。要由收养机构在他们来领养孩子时告诉他们和孩子这一点。[①]

通过那些来见我的、完全迷失的父母，我了解到收养机构是如何通过一系列面谈来质疑他们收养的欲望的。人们想要说服他们，他们实际上完全没必要收养孩子，他们现在这样就是一对幸福的夫妻。那些父母会说："是啊，您说的有道理。确实，无论有没有孩子，我们在一起都很开心。"然后，一周之后，他们却得到消息，说可以收养一个孩子了。恰恰此时，他

---

① 弗朗索瓦兹·多尔多在《教育之路》(*Les chemins de l'éducation*, pp. 237-252)中重拾关于被收养儿童、他的生父母，以及他的法定父母之间关系的思考。关于收养的问题，有兴趣的读者可以阅读 *Séminaire de psychanalyse d'enfants*(《儿童精神分析讨论班》), op. cit. t. Ⅱ, pp. 97-98; *Dialogues québécois*(《魁北克对话集》), op. cit., pp. 167-168。

们不再有收养的欲望；但那个机构却有一种让他们当天就收养一个小女孩的强烈欲望。

然而，这是一些有着强烈的收养孩子欲望的父母。为什么这些机构的工作人员要用一些不知从哪里找来的借口来打消他们的念头呢，就好像他们得放弃收养的欲望一样？要不是在电视上看到了这种荒谬的"收养心理准备"过程，我真还不相信呢。

这些父母完全迷失了。他们明白，收养孩子是很困难的，而且我们也不会给他们孩子。总之，他们已经是朋友和熟人的两个孩子的教父教母了，他们非常相爱，决定做一对没有孩子的夫妻。就是在这个时候，我们向他们推荐了一个孩子！于是，他们完全不知所措了。那位母亲完全慌张了，就来向我诉说："我甚至不能拒绝，可我们已经准备换个方式生活了。他们给我们上了那么多课，说我们不需要孩子，我们已经不再期望、不再要求了。然后，你看，现在他们又给我们推荐了一个！"

希望这些夫妻不要收养，同时又在他们放弃时认为他们适合收养孩子，这真是太荒谬了。

回答：然而，我观察到当我们这样和那些被收养的孩子说了以后，在成长的过程中，他们并没有接受他们没有"真正的"父母这个事实。

弗朗索瓦兹·多尔多：这是当然的啊。如果我们告诉孩子他们没有真正的父母，那么他们就不是真正的孩子，就好像我们拿掉了他们拥有身份的权力一样。

回答：他们既不了解问题所在，也不了解成年人的举止。

弗朗索瓦兹·多尔多：是的，他们不知道成年人会选择什么模式。如果养父母期望着他的到来，如果他们祝贺他的成功，并通过他祝贺他的亲生父母，认为没有他们，他也不会来到这个世界上，那他会想："既然我的养父母是很好的人，按照他们的说法，我陌生的亲生父母也是好人的话，那么我也会成为一个好人。我有一个来自两对夫妇的身份，而不是没有身份。"

问题：如果孩子感到自己与众不同并且或多或少被排斥呢？

弗朗索瓦兹·多尔多：他们当然是不同的。所有人都会感觉自己与他人不同。对于那些感到被排斥的孩子，可能他自己身上有些妄想的成分，这是可能的，但是这是因为他太晚被收养，到肛欲期①价值投注的时候（才被收养）。一个孩子在被训练大小便自理时，会以为"便便不好看"，或者"在裤子里拉便便不好"。当他被收养的时候，托儿所或者临时寄养家庭放手让他去另一个人家里，表现得好像"排斥"他一样。如果我们没有向孩子揭示他的起源和诞生等"事实"的话，这个临时寄养家庭难道不正是像对待"便便"一样对待他，那个收养他的家庭不也正是像接收"便便"一样接收他吗？这样，他就会在自己身上保存一种类似妄想的内核："既然我的家庭把我当'便便'一样，那么我就是一坨'便便'，因此所有人都很坏"，或者"我才是个坏人"。也就是说，为了不感到自己被贬低，他就去贬低别人。

　　一个或多或少真正被排斥的孩子都和父母有严重的冲突，无论他是亲生的还是收养的。父母的排斥形成了孩子最终内化②的模式。

---

　　①　"指力比多发展之第二阶段。根据弗洛伊德，此阶段约处于二至四岁之间，其特征为在肛门刺激主导下的力比多组织：此时的对象关系充斥着与排便功能（排出／滞留）及粪便的象征价值有关的意义。"参见［法］尚·拉普朗虚、尚-柏腾·彭大厉斯：《精神分析词汇》，沈志中、王文基译，493页，台北，行人出版社，2000。——译者注
　　②　"某种过程借此相互主体间的关系被转化为主体内的关系。"参见［法］尚·拉普朗虚、尚-柏腾·彭大厉斯：《精神分析词汇》，沈志中、王文基译，222页，台北，行人出版社，2000。——译者注

有时候，这些养父母因为自身的不孕不育，一直把一些非常苦涩的东西留在心里，没能完全表达出来。这让他们没有向孩子解释他们感到多么被大自然所排斥，因为他们不能拥有自己的孩子，无法获得天伦之乐。他们有时会无意识地怨恨自己的父母，让自己的父母对自己和别人不一样的命运负责。"别的夫妻有孩子，我们呢，我们没有，这不公平！"被收养的孩子并不总能治愈他们。

　　我经常在分析中遇到一些儿时被收养的成年人，收养在一开始就没有被解释清楚，从而给他们带来了一些负面影响。有这么一位女性，她的养母之前骗她说："幸运的是你最后来了。你看，之前我六次流产，然后你终于来了。"后来，当她了解到真相，即她的母亲从未经历流产时，这对于她的潜意识来说已经太迟了。在生理原因不清楚的情况下，她流产三次了。在一位妇科医生的建议下，她开始做精神分析。那位妇科医生告诉她："你的流产完全没有缘由，问题也许在你的脑子里。还是去看个精神分析家吧。"

　　这位女性不知道自己是被收养的。她年轻时喜欢一个男孩子，在他们正式订婚之前，她的父母告诉了这个男孩真相。之后，她就再也没见过这个男孩了。她因为被未婚夫抛弃而无比痛苦，以至于她母亲不得不告诉她原因。几年后，她和另一个男人结婚，但是总是不能怀孕足月。她的养母——她的母亲——在告诉女儿真相后不久得了癌症。

　　是在她开始分析之后，她的养父才告诉她："你母亲一次也没流产过，她不孕。她告诉你这些时，我也不知道自己为什么放任她这么做。"但这一切已经深深印刻在这个女孩子脑海中，对她而言，在成为母亲之前，必须经历多次流产。

我说这些，是为了说明被排斥这个问题可能是一个更多来自养父母而不是被收养的孩子潜意识的问题。我并不认为这些被排斥的幻想来自这些孩子被收养的事实。说（或者认为）我们不是真正的父母，意味着孩子不是一个真正的人。这么说非常愚蠢。用词的准确性很重要："你是我们的养子，就像我们是你的养父母，我们完全一样。我们非常感谢你的父母，也感谢生活让我们能认识你、爱你！通过你，通过把你养大，我们在向你的父母表达我们的尊敬和爱。"

如果对一个孩子的父母充满敌意，那我们是没有办法爱他的。有时我们会听到一个母亲在她的养子面前说："难道这还不够悲惨吗！一个抛弃了自己孩子的母亲，真是个坏女人！"说出这样的话真是令人难以置信，尤其我们知道，有些母亲是在特定的情境下不得不抛弃她们的孩子的。那是何等痛苦，何等悲伤啊！

很多时候，对这些被收养的孩子来说，之后寻找自己的亲生父母就成了一种潜意识所感受到的职责。我见过很多这样的人，他们都觉得这是自己的职责："我可怜的母亲，她现在得有七十六岁了。我要是能为她做点什么就好了，但我不知道她在哪儿。"

"你可以尝试去找她。"

"是吗？我不知道。"

这个是公共援助处①的职责，即告诉他们登记在案的关于他们父母的信息。现在有一个协会专门处理这些事情，而公共援助处却用一种过分的态度去阻止这些孩子找到他们的亲生父母。这是一个极大的错误。②

当他们重逢时，通常一切都很平静。母亲总说些一样的事，父亲也是："在我生命里，我没有一天不想你。"

"你希望我们再见面吗？"

"不，没必要。知道你过得开心，我就满足了。"

就这么多，很平静地就过去了。重逢，并了解到那些让这位母亲或这位父亲没能养育自己孩子的情境，这是一种潜意识所寻求的无与伦比的安宁。

我认识一位女士，她就像这样找到了自己的父亲。他已经入土为安好些年了，但在他退休的那个小村子里，所有的老人

---

① 公共援助处（Assistance publique），类似于中国的民政系统，处理包括儿童福利院在内的相关社会事务。——译者注

② 弗朗索瓦兹·多尔多所考虑的是完全收养的案例，这是在孩子是孤儿、父母状况不明或被抛弃的情况下进行的。它要么由儿童社会福利机构来实施，要么由有资格的慈善机构来实施。1966年7月11号法案明确指出，完全收养将断绝孩子和原生家庭的一切关联。但是，这条法案远没有取得一致的意见。社会事务与责任部部长要求卫生和社会事务局（DDASS）"停止系统地拒绝前国家孤儿的查询请求"。在很多寻找原生家庭的情况中，人们遇到的明显的困难是管理部门效率的低下，这使他们不会轻易批准这样的搜寻。弗朗索瓦兹·多尔多在此肯定是在暗示这样一种收养：其灵活性可以让收养过程有迹可循，并在现实中更加高效。

都知道他有个这么大年纪的女儿，他把她留给了她的母亲。他每天都会念叨这件事。她很高兴听到这些："啊，你是他女儿，是啊，他和我们讲了好多！是吗，是你啊！他是多么爱你啊……他见过你，他说自己那个时候太傻了。"等等。听到人们和她讲述这些，这位女士受到了深深的触动。我问她："那这些有没有改善你和你儿子的关系呢？"我的问题让她很吃惊。"你问的这个问题真有意思。"这是个快乐的女人，受过高等教育，活得很充实，有两个儿子和两个女儿。她告诉我："你刚才和我说的真有趣。幸好我结婚了，因为有些时候，我会认不出我的儿子们，会突然发作：'到你父亲那儿去，我不认识你。'然后，我心想：'我在说什么胡话啊？'自从我找到父亲的坟墓，自从这个村子的老人们告诉我这些事以后，这种情况就再也没有发生过了。我不再有这些面对儿子时的失神时刻了。"

如果我没问她这个问题，即"这些有没有改善你和你儿子的关系"，她也不会想到和我说这个，因为这是一个没有做过精神分析的人。但是我们知道，和生命中第一个男人的关系总是深深地埋藏在我们心中，我们会在同性别的孩子身上再现这个关系：在女儿身上再现和母亲的关系，在儿子身上再现和父亲的关系。这非常重要。

问题：许多在这种条件下被收养的孩子，在学校里，在职业培训过程中，甚至在把自己作为男性或者女性来接纳的过程中，都会遇到很多问题。他们很难接受自己，会违法……

　　弗朗索瓦兹·多尔多：不能笼统地这么说。我相信这和收养家庭有关，和我们与他们谈到收养，谈到他们的亲生父母的方式有关，而不仅仅出于他们是被收养的孩子这个事实。

　　回答：我更主张对他们的出生保持沉默。

弗朗索瓦兹·多尔多：对于那些在十五或者十八个月，甚至在七个月被收养的孩子来说，对于他们的出生保持沉默，这什么也改变不了。哪怕是七个月，再加上怀孕九个月，也有十六个月的生命了。出生后的这几个月非常重要，无论是在保姆那儿还是在公立福利院。

　　在公立福利院长大的孩子，当他们的养父母太过保护他们的时候，他们总希望去别的地方。不幸的是，养父母从来不愿让他们的孩子上寄宿学校，然而这是一些需要集体生活的孩子，因为他们的妈妈就是集体（我这里说的不是生母）。有时，这些孩子的母亲在怀他们的最后几个月里是在母婴之家度过的——也就是说，怀着他们的母亲曾经在集体中体会到一种安全感。

　　在孩子的团体中他们会感到开心。为了去向一片更为广阔的空间，他们逃离父母家，因为他们通过集体才能感受到母亲般的照料，他们完全不能通过围着他们转的父亲和母亲来让自己变成成年人。他们的安全感来自一个"妈妈—集体"。常常是收养导致他们失调，因为他们的这种欲望没有被当作是正常的。他们就因此处处失调，最终走上违法的道路。

　　我真的认为恰恰相反，真相必须被说出来，要像归还欠下的债务一样把它说出来，因为它是属于这个人的。这个人活着这一事实，清楚地表明了他在受孕时有化身为人的欲望。我相信被收养的孩子有一个很大的优势。正是基于这一前提，我才为那些被抛弃的孩子做心理治疗。[①] 这些孩子在福利院都快要发疯了，因为我们没告诉他们真相。我们没有告诉过他们，在被抛弃以后能幸存下来是何等的优势，因为换作别人可能已经死掉了。这证明他们经受住了不同寻常的考验，在象征性的层面上非常顽强，这会让他的亲生父母感到光荣。如果我们用话语确认他们的这种力量，我们就在象征层面上同样把这种力量赋予了他们。但必须由一个可信的人来和他们说这些。这些被抛弃的孩子很强大，因为他们经受住了考验，幸免于难，接着又安慰了一些父母（养父母），后者曾经在很长一段时间里也面临着考验。

我相信这个关于收养孩子的问题会给我们带来很多思考。重要的是我们对孩子们说这件事情的方式：并不仅仅是告诉他们，他们的出身不一样。如果我们不告诉他们，由于潜意识是知道的，或早或迟，或者当他们要做父母的时候，这会成为一场灾难。他们会重复，就像前面那位年轻的女士反复放弃她子宫里的孩子一样——要真正做母亲，就必须"流产"，因为她在整个青年时代都不知道自己是一个被收养的孩子。她是在二十一岁被未婚夫抛弃之后才了解到这个事实的，她的未婚夫也是在向她正式求婚的时候才知道的。她是以一种创伤性的方式了解到这一点的。这种方式让她的生母受到羞辱，因而也让她的后代受到了羞辱。

---

① 在离开埃蒂安—马塞尔中心之后，弗朗索瓦兹·多尔多在一个"婴儿咨询"的框架中继续接待福利院的孩子。这个框架是在她去世前两年创立的，也是她最后的临床工作。从 1986 年 1 月到 1988 年 7 月，孩子们每两周来见她一次。在弗朗索瓦兹·多尔多或孩子的要求下，会有一些精神分析家旁听并介入治疗。

问题：您怎么看待当您谈到案例时在现场引起的那种激动？

弗朗索瓦兹·多尔多：我想，大家都很高兴听到这种对潜意识内容的阐释，这仅仅是拉开一定距离，透过新的视角来看待现实，而之前你们都认为精神分析是一种高深的哲学。不，就像植物学一样，精神分析存在于每一个细节中。

问题：一个上幼儿园的孩子平常会有规律地按时去幼儿园，当他缺席的时候，一天也好，一周也好，无论时间多长，无论缺席的原因是什么，都让班上的小朋友们知道，这样难道不更好吗？他的缺席难道不应该被说出来，让他感到融入了这个小团体吗？

弗朗索瓦兹·多尔多：这是个很有意思的问题，它在瑞士已经得到了很好的解决。我不知道大家是否清楚在他们那儿这是怎么解决的。对这些缺席的孩子，他们设立了一个专门的职位，一般由一位退休人士来担任，比如养路工人。有一天，当我在瑞士的时候，我注意到了这个。我看到一位和蔼的先生和一群围着他蹦蹦跳跳的孩子一起散步。他说着话，挂着一根拐杖。有人就告诉我说这是一位退休的养路工人，他被指派负责这些当天没上幼儿园的孩子。他们还告诉我："大家都不想上幼儿园，因为这个人太棒了，他会给孩子讲故事。"在很多城市，都是这样：有一个市政府的雇员，负责看望那些没来幼儿园的孩子。因为住得离幼儿园不远，他会去探望所有没来的孩子，然后记下这个孩子为什么没来。如果孩子没来是因为他不想上幼儿园，是因为他想等这个养路工来看他的话，那么这个人就会带着孩子一起去幼儿园，然后说孩子的妈妈病了，诸如此类的理由。

　　如果养路工回来说孩子生病了，那么幼儿园老师就会说："你们的小伙伴生病了，明天和后天谁愿意去看看他啊?"会有一个孩子受托去看望他，并且告诉他班上发生的事情。每个孩子都有一个在班上开始做的小玩意："你把这个带给他，你告诉他我们做了这个，做了那个。"这样一来，大家和缺席的孩子就会一直有联系。但这是在瑞士。在法国，确实，一个孩子没来，那再好不过了，因为班上就少了一个需要管的孩子!

问题：您能回到您多次提到的一点，即孩子选择出生并生活在他的家庭里吗？

弗朗索瓦兹·多尔多：简单点来说，当然是这样。他可能会死掉，既然活了下来，是因为作为一个主体，他每天都继续着与自己身体的契约。[1] 这就是生存，就是每天更新自己想要活下来的欲望。如果没有什么让他生存下来，那么在生命之初非常简单：孩子会吞下舌头，窒息而亡。如果有些东西可以让他生存下来，他就会继续活着，并想办法找到生存之道。

正是这一点非同寻常。有的孩子能够接受最坏的情况。我想到那些被父母虐待、经常挨打的孩子。然而，这些孩子还是爱着他们的父母。他们有时也会害怕，但还是想回自己的家。

"但是你回去的话，他们又会打你。"

"是的……但哪怕是这样，算我倒霉！"

在我们接待一个孩子和她父母的时候，她的母亲说："法官必须把我的孩子还给我，我不能没有她。"孩子听到后真的很高兴。母亲身边还有另外一个孩子，我们就问这个孩子："你呢，你怎么看你妹妹回来这件事情？"

"哦，我啊，我小时候也一样。你知道吗，现在我会从阳

---

① 这是一个弗朗索瓦兹·多尔多思想中非常强烈而且最重要的观点。我们可以在她关于身体意象的理论书籍的结尾找到类似的表达方式："……是主体的自恋一秒接一秒地继续着欲望主体与他身体之间的契约。对于一个人来说，这就是活着。"参见 L'Image inconsciente du corps（《无意识身体意象》），p. 350。

台跳出去跑掉。我有一个 AMO①，当妈妈要打我的时候，我就跑到我的 AMO 那里。我七岁了，是大孩子了。之前小的时候，我也是这样（挨打）的。但是，她是我的母亲！"

"那么，如果我们把你的妹妹还给你妈妈，你怎么看？"

"哦，那就会重新开始！"

"什么会重新开始？"

"她会打她啊，然后她就停不下来，然后就打坏了，就得上医院！"

这个很聪明的孩子头发被染成两种颜色，指甲被涂成黑色和红色，他就这样来了。

"这是什么？你真是太夸张了！"

"还不是我妈妈，我有什么办法呢？"

"你妈妈？"

"是啊，她想在我身上试试她的染发剂和指甲油。这些女人啊，真拿他们没办法！至少，当她做这些的时候，她很开心，不会打我。我这个可怜的妈妈啊！"

---

① AMO 的完整形式是 AEMO，即户外教育行为。该措施由 1945 年 2 月法令在未成年人法律保护的框架下制定实施。这是一个观察性的、预防的、临时的措施，由儿童社会帮助部门或者少儿法官授权做出（参见 1970 年 6 月 4 日父母权利法案）。这种措施可以保证处于社会或者关系困境中，甚至是有精神或者躯体危险的孩子得到跟踪调查。

多好看的一个孩子啊，七岁，马格里布①人和一个丰满的金发妇人的儿子，金得不能再金了。大家可以看到有色人种是多么喜欢金发女郎。这位女性的头发已经开始褪色了，她就在自己儿子的头发上试染发效果。

我问他："你的小伙伴们怎么说？"

"我的小伙伴，他们晓得母亲是什么样子的！"

他的妹妹两岁半。这位母亲来见我，是因为被要求来医院神经精神科看看。她每天都恳求监督人把孩子还给她，但是法官拒绝了，因为她女儿已经第三次因为骨折住院了。她伏在我的腿上哭，博得了所有人的怜悯："我这么爱她，这个小家伙，看看我为她做了什么。"她向我们展示了许多裙子。她给她女儿所有的娃娃做衣服，然后把女儿也打扮得一模一样。然而，小姑娘看到母亲时很开心：她像看到圣母降临一样，再也没有什么能比这更开心了。我问她："如果孩子和你一起回家，会发生什么呢？"

她不听我说话，没有回答我，而是对孩子说道："你知道吗，我给你准备了一条小裙子。你瞧瞧，真是一条漂亮的小裙子啊，这里，还有那里，都有小蝴蝶结。"（孩子此时被一种傻乎乎的爱笼罩着。）"还有，我给你的娃娃穿了一样的衣服。回来的时候，你会有自己的小裙子，娃娃也一样。妈妈和女儿一

---

① 非洲西北部的一个地区。19世纪末，该地区绝大部分成为法国、西班牙和意大利的殖民地，包括阿尔及利亚、利比亚、摩洛哥、毛里塔尼亚和突尼斯。——译者注

模一样。"

大家可以看到这位成年女性的幼稚程度。从兽医的角度来看，她是一个绝妙的生物。她是很好的裁缝，也是很好的厨子，但完全没能力抚养一个孩子。那么，我就让她继续演她的哑剧，接着问道："告诉我，如果把孩子还给你，接下来会怎样？假设当时是下午四点。"

"你会吃你的小点心，喝你的小酸奶，等等。然后，要吃晚饭了，爸爸要回来了。"

"爸爸？"

"哦，不是她的父亲，您晓得，他们马格里布人经常会换。但他们人都很好。"

"好吧。"

"他们相互都认识。"

"你听到了吗？"我对那个小女孩说，"你妈妈说的那个是你爸爸的人，不是有文件上那个名字的人。那么，（我转向那位母亲）她的生父是谁？他叫什么？"妈妈给了一个真名。小姑娘跟着重复了一遍，对生父的真名很感兴趣。

"你的儿子呢？"

"啊，他有另一个父亲，但他们相互认识，他们是一个村子里的。"

然后，她继续道："接着就该睡觉了，然后小姐就会开始任性。那么就必须让她睡觉，该听母亲的，对吧，医生？母亲必须得有权威，所以我会打她的小屁屁。"这时她就开始模仿打趴在她膝盖上的孩子的屁股，越来越用力，然后她说："快把她带走，快把她带走，我会杀了她的！"

"你看，你还没有成熟到能重新带这个孩子。必须得等到她能像你的儿子一样从阳台上跳出去的时候才行。"我就是这样解释给这个和她哥哥一样聪明的小女孩听的，我们没有把这个小女孩交还给她的母亲。就像她的儿子告诉我的那样："幸好我们家住一楼！"这样，他就能逃到他的 AMO 那里去。他很爱他的母亲，那个小姑娘也简直为她着迷。

从孩子能够保护自己时起，情况就好了。这些女性并不是犯了什么过错。她们只是没有能力抚养孩子。此外，她们通常都是接受社会援助的女性，需要很多的关爱。她们缺乏对母性生活的想象力，对自己几乎没有任何控制力。非常悲哀的是，我们常常强加给她们一个与孩子长时间的分离，甚至剥夺她们的监护权。但是如果等几年的话，我们就可以在不贬低他们父母的情况下，帮助这些孩子面对这样的一个现实：他们选择了这样的父母出生并且活下去……

但我们也同样惊讶地看到，这些孩子多么色情地爱着他们过于暴力的父母。因为这些父母给了他们非常强烈的感官刺激，这一点让孩子紧紧黏着他们。

这是一个非常困难的问题，但周围人可以做的有很多，如邻居，楼上楼下的人，等等。例如，他们可以说："听着，这样下去可不行。缺的是教育中的互助。今晚把你女儿放我家吧，你也可以休息一下，或者放一周也成。在我那儿，她不会那么神经紧张，你自己也会少操点心，然后就会好点。我们也许可以帮助你们俩……"

这个既不好，也不坏，这令人悲伤。我们必须帮助这些父母，他们有能力把孩子带到这个世上，让孩子幸存下来，但并不成熟。因为如果我们把孩子从父母身边带走，这会给孩子留下耻辱的印记，尽管这没什么好耻辱的。绝大多数时候，父母的行为是潜意识的，不成熟的，但并不变态。如果父母性变态的话，这些也同样需要被说出来，而不是闭嘴不谈。至于酗酒的父母，相对于他们的抑郁状态来说，酒精中毒都是次要的。他们需要的是帮助而不是蔑视，他们的孩子也能因此得到及时的救助。

问题：我离婚了，独自抚养两个女儿，她们的父亲对她们没有表现出特别多的关心。她们分别十七岁和二十六岁了，我能够和她们说我内心深处的想法，同时不破坏她们心中的父亲形象吗？

弗朗索瓦兹·多尔多：停一下。我并不知道你内心深处的想法是什么。你也许可以和某个人说说。实际上，你们之间并没有持续太长时间，但这并不意味着这个男人有过错。他没有学会对他的女儿们负责任，这也并不意味着当她们去找他的时候，他们处得不太好。我对此一无所知。我不想就这样随随便便地回答这个问题。你可以去找一个精神分析家谈谈。

问题：很多父母在孩子青春期的时候就放手了，认为他们可以独自应付生活，哪怕他们在物质层面上都还没有独立。我持完全相反的态度，但我也会自问，自己是不是占有欲太强了，希望孩子继续依靠我。您怎么看？

弗朗索瓦兹·多尔多：青春期是需要做些准备的，要通过一种越来越强的日常生活中的自立来准备。我们并不是突然告诉这些年轻人："现在，你自己想办法。"在这个时期，孩子非常需要知道，与自己同性的父母是如何应对强烈的性欲的，他的父亲、母亲在他这个年纪时是怎样面对他所体会到的这些剧烈骚动的。他（或者她）是怎样与别人，与异性相处的？怎样赚钱？打零工？怎样才可以经济独立？等等。因此，并不是把一个女孩或者男孩当作依赖父母的六七岁的孩子一样养到十四岁时，就突然不管他们了。

从孩子六七岁时就要开始的重要工作，是武装他们，让他们能够和同龄的孩子交朋友，能够被社会中的成年人喜爱。例如，从八九岁开始，一个小女孩就可以学习做家务了。十二三岁，只在自己家做这些已经不够了，最好能够开心地去帮助另一个需要帮助的妈妈。她会让别人欣赏自己，也会通过自己让自己的母亲受到赞赏。对儿子来说也一样：如果父亲已经武装了他的儿子——他已经会擦地，在家里干点杂活，打扫，买菜，等等，他就可以去帮妈妈以外的另一个人，而后者会赞扬孩子，这样他就学会了如何在社会中获得赞赏。

之后，十四五岁进入青春期时，也就是说，在对性开始感兴趣，被出现在自己感知注意范围内的人所打动时，孩子就想要变得有责任感，想离开自己的父母，就像他们说的那样，想"出去（离开）"。

青少年的关键词是"离开"，离开父母为他们建造的这个窝，但得武装好了再离开，并在能够承担之前，知道离开可能面对的危险。①

因此，青春期就是一个确定自己可以承担的时刻，但需要有所准备。这不包括两个极端：一个是把他们赶到门口，说"现在，你自己想办法吧"；另一个是继续把孩子当作一个不会规划的人，每天给他零用钱，帮他选衣服，洗衣服，刷鞋。后者会把孩子变成克莱特(S. G. Colette)的"宝贝儿"②，而不是一个男孩。对女孩子来说，则是把她们变成需要通过结婚来合法卖淫的女人，因为她们既挣不到钱，也不会爱。

重要的是六岁到十三岁之间的教育，要培养孩子有办法让除了家人之外的人喜欢自己的能力，并且知道在青春期里，除了特殊情况以外(妈妈生病等)，觉得自己对母亲来说必不可少，这个念头很危险。母亲必须告诉他们："听着，在这里，我是妈妈，我是妻子。你帮我搭了把手，你知道怎么做，但我现在不再需要你帮忙了。去别人那里，让他们欣赏你的才干吧。"这样的话能让孩子离开，到别处去展示他的才能。

他可能还想受母亲的支配，说："妈妈，还是让我来给你

---

① 弗朗索瓦兹·多尔多在其他地方也探讨了这个青少年核心问题，她将它看作一种欲望，一种青少年在这个俄狄浦斯情结已经彻底解决的年纪，想要逃离在家庭内部所感受到的孤独的欲望。参见 *Solitude*(《孤独》)，op. cit.，pp. 198 et 201 et，同样参见《魁北克对话集》( *Dialogues québécois*)。

② S. G. Colette, *Chéri* (《宝贝儿》)，Fayard, 1984. 上海文艺出版社2013 年出版了该书的中译本，译为《谢里宝贝》。2009 年，该书被改编为电影，中译名为《谢利》。——译者注

做这些事情吧。"

"不，去和同龄的孩子玩吧，去别人家玩吧。"

十三岁时，我们就需要这样告诉孩子。十三岁时，如果男孩和女孩都已经武装好走向社会的话，对父母来说，这是一个有点艰难的时刻，因为家就有点变成带家具的旅馆房间了。必须清楚这一点。这个时期会过去的。"家成了带家具的旅馆房间，他们回来吃饭，吃完饭净想着出去。"有些家长会这么抱怨。但请对此感到高兴吧，因为他们交了朋友，并愿意把朋友带回家。这很重要。"没有吃的了吗？让你朋友带点面包和香肠来，你们自己想想办法。"

这样孩子就会变得善于交际，因为他知道，家里欢迎他的朋友来，别人家也欢迎他去，他的父母并没有因此感到不安："啊，你喜欢这些和我们生活方式不同的人？"人们会这么说，完了再加上一句："你看，我真蠢，我都有点吃醋了。"这很好。如果一位母亲可以这样说："你看，我嫉妒你在外面认识的这些朋友，甚至自己都没有意识到这一点。"这会给孩子带来很大的帮助。

这就是青春期。它经历起来很简单，但并不是要把孩子留在家里或者踢到门外，这两种做法都不对。

也许我并没有回答所有的问题，但我已经尽力了。

Tout est langage by Francoise Dolto

© Editions Gallimard，1994

Current Chinese translation rights arranged through Divas International，Paris 巴黎迪法国际版权代理

北京市版权局局著作权合同登记号：图字：01-2016-7177

**图书在版编目(CIP)数据**

　　一切皆语言/(法)弗朗索瓦兹·多尔多著；王剑，邓兰希译. —北京：北京师范大学出版社，2021.4(2025.7 重印)

　　(心理学经典译丛·法国精神分析)

　　ISBN 978-7-303-24133-0

　　Ⅰ.①一… Ⅱ.①弗… ②王… ③邓… Ⅲ.①儿童—精神分析 Ⅳ.①B844.1

　　中国版本图书馆 CIP 数据核字(2018)第 196739 号

---

YIQIE JIE YUYAN

出版发行：北京师范大学出版社 https://www.bnupg.com

　　　　　北京市西城区新街口外大街 12-3 号

　　　　　邮政编码：100088

印　　刷：北京盛通印刷股份有限公司

经　　销：全国新华书店

开　　本：890mm×1240 mm　1/32

印　　张：7.25

字　　数：150 千字

版　　次：2021 年 4 月第 1 版

印　　次：2025 年 7 月第 4 次印刷

定　　价：64.00 元

---

策划编辑：周益群　　　　　　责任编辑：梁宏宇

美术编辑：李向昕　　　　　　装帧设计：李向昕

责任校对：康　悦　　　　　　责任印制：马　洁